責任編輯：林雪伶
裝幀設計：Jone Chan
美術顧問：吳文芳　趙穎珊
整　　理：齊佳穎　朱鎮饒
排　　版：周　榮
印　　務：龍寶祺

洞之以情 —— 尋找天籟敦煌之音

作　　者：紀文鳳　甘聖希　朱啟揚

出　　版：商務印書館 (香港) 有限公司

香港筲箕灣耀興道 3 號東滙廣場 8 樓

http://www.commercialpress.com.hk

發　　行：香港聯合書刊物流有限公司

香港新界荃灣德士古道 220–248 號荃灣工業中心 16 樓

印　　刷：新世紀印刷實業有限公司

香港九龍土瓜灣木廠街 36 號聯明興工廠大廈三樓

版　　次：2024 年 7 月第 2 版第 1 次印刷

© 2022 商務印書館 (香港) 有限公司

ISBN 978 962 07 5928 4

Printed in Hong Kong

本書作者版稅全數捐予敦煌研究院作為教育用途。

洞之以情

尋找天籟敦煌之音

第二版

甘聖希
紀文鳳
朱啟揚

著

目錄

第一章

情迷敦煌 —— 紀文鳳

第二章

音樂情緣 —— 甘聖希、朱啟揚

敦煌石窟有着無限豐富的內涵，不論是宗教的、歷史的、藝術的……不同的學科領域，不同的專業或情趣，都可以從敦煌石窟這個寶庫找到關聯，獲得共鳴。音樂，當然是敦煌藝術中最令人着迷的內容之一。

2017 年，我有幸到香港參加饒宗頤先生一次書畫展覽的開幕式，期間與曾為莫高窟保護項目捐資的紀文鳳小姐再次相遇。紀文鳳小姐跟我談了她的一個最新想法：就是想組建一個樂團，創作和表演具有敦煌風格的音樂。我非常支持這個項目，能夠把敦煌文化傳承並發揚，正是我們保護和研究敦煌文化的最終目的。

音樂具有更廣泛的社會性，中國傳統音樂尤其需要加以弘揚和創新，以適應當今的社會。但同時我也擔心，這畢竟不是一件簡單的事。可是沒想到，第二年 5 月紀文鳳小姐就邀請我來香港，因為她創辦的香港天籟敦煌樂團迎來了首次演出，同時還舉行了一個小型的敦煌音樂圖像展覽。紀文鳳小姐對敦煌文化的熱愛以及雷厲風行、扎實推進的工作作風令我十分感佩。

同年 9 月，香港天籟敦煌樂團在世界文化遺產的莫高窟九層樓前進行了表演，並贏得廣泛的好評。不覺又過了幾年，天籟敦煌樂團在紀文鳳小姐的指導下正在茁壯成長。2022 年 6 月，在迎接香港回歸二十五周年以及香港故宮文化博物館開幕之際，香港天籟敦煌樂團在香港舉行了隆重的表演，這次樂團推出《敦煌》、《故宮》、《謝謝你的時間》樂曲三章，以優美的旋律表達對敦煌、故宮的崇敬之情，韻味悠遠，感人至深。更令人驚喜的是紀文鳳小姐告知將要出版《洞之以情》一書，並約我寫序，我深感榮幸。

敦煌文化是中華優秀傳統文化的集中代表，其中音樂方面的資料可以為今天的社會提供具有傳統特色和極為豐富的素材，而要把這些音樂素材進行創造性轉化，創作適應當今社會的新音樂，則是一項十分艱巨的工作。紀文鳳小姐帶領她的團隊克服

了重重困難，到敦煌莫高窟現場實習，不斷向專家學者們請教，體會敦煌藝術的精神，逐步創作了一批較有中國傳統特色的樂曲，這些成果真是來之不易。從中可以看出紀文鳳小姐和香港天籟敦煌樂團的巨大努力和堅忍不拔的精神。

《洞之以情》一書簡明扼要地介紹了敦煌的歷史文化和音樂藝術，同時還講述了堅守在敦煌的一代代學者們的故事。敦煌與香港雖然是相隔萬里，但卻有着很多共同點。因為保護和弘揚敦煌文化這個目標，把兩地人們的心連在了一起。多年來，以香港「敦煌之友」為代表的不少香港友人，為敦煌文化遺產的保護研究和弘揚事業熱情捐資，傾情關懷。莫高窟的治沙防沙工程、洞窟保護工程、數位化工程以及敦煌學術研究與交流等方面，都得到了香港友人的大力幫助。敦煌研究院文物數位化研究所大樓（饒宗頤樓）就是為香港國學大師饒宗頤先生捐資建造的。紀文鳳小姐不僅個人出資幫助敦煌石窟的保護項目以及敦煌研究院人才培養項目，而且從敦煌藝術創新發展的長遠目標出發，組建香港天籟敦煌樂團，實現了敦煌古樂的重生。

書中還可以讀到香港天籟敦煌樂團的青年作曲家甘聖希和朱啟揚二位先生講述他們與敦煌石窟的故事和他們的音樂作品。使我們不僅能夠深入地瞭解他們對敦煌音樂的感悟和創作的緣起，而且感受到香港青年一代對祖國傳統文化的熱愛與嚮往的情懷。

總之，這本書滲透着紀文鳳小姐對敦煌石窟這一傳統文化的深情厚意，以及她的團隊對敦煌藝術的深刻感悟。希望更多的讀者通過此書能夠瞭解以敦煌文化為代表的中華優秀傳統文化，並從中獲得知識和靈感，為今天香港經濟文化的繁榮作出更大的貢獻。

敦煌研究院黨委書記
趙聲良
2022 年 6 月

有人說敦煌音樂是佛國天籟之音，在天宮的極樂世界，有樂伎和樂隊演奏，甚至樂器可以無人操作，「不鼓自鳴」展現了天界佛國的歡樂和祥和；這些音樂活動的圖像生動地展現於 240 個莫高窟洞窟的壁畫上。我們過往只能看見敦煌的音樂，自上世紀三十年代以來，學者一直致力於解讀在敦煌藏經洞所發現的唐代曲譜，並翻譯為現代樂章。這努力最終得以實現，樂師現在可以使用參考敦煌壁畫而仿製的樂器，演奏這些已破譯的曲譜，重現千年樂韻，天籟之音。

我們終於能聽見敦煌的音樂。

敦煌音樂不單展現絲弦之美，也見證絲綢之路多元文化的滙流。敦煌壁畫繪有樂伎三千多身和樂器四千多件，他們源自印度、西域和中原地區音樂傳統。除了天宮美樂，也有民間歌舞，描繪時人的嫁娶、宴飲和百戲的音樂聚會。欣賞敦煌音樂，猶如享受一頓文化盛宴。

我和紀文鳳小姐相識多年，她一向熱心於文化和公益事業，關愛人間，赤子情懷。十年前她發起無止橋慈善基金，募集香港義工和年青人在內地貧困的農村興建便橋。她是一個敦煌迷，醉心於敦煌文化傳承，曾贊助洞窟的數碼化保護工作，每年都組織學生團到敦煌考察。2017 年初，她和我談及有意成立香港天籟敦煌樂團，由香港青年音樂家演繹敦煌樂章，將敦煌音樂傳承普及，植根香港。對於這意義深遠的文化藝術項目，由香港人發起，我感到十分興奮。至 2017 年 6 月間，我和當時訪港的敦煌研究院副院長趙聲良博士談及此計劃，原來他對敦煌音樂也有研究，並願意在研究上提供協助，我十分高興連繫了他們。

一年之後，香港天籟敦煌樂團終於正式成立，由兩位作曲家和八名年輕音樂家所組成，平均年齡只有二十多歲。他們先後為國家兩處世界文化遺產敦煌莫高窟和故宮博物院演出，廣受好評，藝術水準受到肯定。樂團及後在多處演出，並透過教育活動，向香港公眾推廣敦煌音樂。樂團在短短幾年間取得如此卓越的成績，實在是香港的驕傲。2022 年 6 月 21 日，為慶祝香港回歸二十五周年及香港故宮文化博物館的開幕，樂團與我們合辦音樂會和文化講座，並獲國家藝術基金的支持，成為城中的文化盛事。

香港過去一直是國家走向世界的視窗，近年我們不斷強化這角色，尤其在文化領域，努力成為中國和世界的中外藝術文化交流中心。我們傳承中華優秀傳統文化，並給予具香港特色的演繹，結連現代生活，與公眾互動，提高市民對傳統文化的興趣和認識。過去十年的努力，我們取得了令人欣慰的成績。在香港舉辦的故宮、敦煌等文化大展和教育配套活動，除受到市民的熱烈歡迎外，在策展手法上也展現了新思維、新視野。香港故宮文化博物館和香港天籟敦煌樂團的創建，體現了我們的祖國心、香港情，也說明香港可以為中華文化的傳承和創新，為國家的文化事業發展作更多、更大的貢獻。

我祝賀《洞之以情》一書的刊行，也希望香港天籟敦煌樂團再接再厲，在藝術成就上再創高峯。

香港故宮文化博物館館長
吳志華
2022 年 6 月

自序

紀文鳳

香港天籟敦煌樂團創辦人及榮譽團長

我信緣，也信宿命。

我是個敦煌迷，十三年去了敦煌十六次。可惜因新冠肺炎疫情的關係，內地和香港長時間有兩年多未能通關，沒法年年去朝聖！

迷上敦煌，除了覺得敦煌是香港的前世今生，感到十分震撼之餘，深深吸引着我的是創意無限的敦煌壁畫。作為一個創意人，我佩服古人的超現實想像力、深厚的文化底蘊和睿智的藝術修養。

只是每次踏上歸途我都有點失落，因為敦煌洞窟的壁畫內容豐富，涵蓋範圍十分廣泛，包括：文化、社會、藝術、歷史、政治、宗教、建築、設計、時裝、生活、舞蹈和音樂等，包羅萬有。唯一美中不足的是，在敦煌洞窟裏的三維空間，音樂舞蹈場景卻只停留在畫工猶如捕捉攝影快門的一剎那，即是二維畫面，無聲又無息，未能以音樂觸動人心，動之以情。

敦煌洞窟壁畫內的樂舞場景十分細緻傳神，藏經洞內有所發現的相關文獻，後世稱為「敦煌遺書」，對這方面的資料卻是十分匱乏。中國古代音樂史的文字記載留存不多，古時更沒有錄音設備，更遑論有聽得到的歌、舞、曲流傳後世。

然而冥冥中一次海外的奇遇，我竟然和素未謀面的香港演藝學院學生，在芬蘭異地相逢。見面那一刻，我給了他們一個提議，要他們幫我組織一個中樂團去演繹敦煌壁畫內失傳了的音樂，真的好像「如有神助」，很快我和演藝的同學就共同創立了「香港天籟敦煌樂團」。

我不是個音樂人。雖然過去不時做義工製作了不少大型舞台表演，但對這個新挑戰，開始時我抱着不妨以實驗樂團試試的心態，反正將敦煌音樂帶回人間是我的心願。誰知這班年青的音樂家卻是十分認真和投入，我們為敦煌壁畫演繹的原創音樂，得到很多人的讚賞和支持，被譽為音樂界的一股清泉。

所以我為樂團做了個新定位，希望我們是一個有文化底蘊的樂團，透過音樂去普及和弘揚敦煌文化和藝術。

自 2018 年成立以來，我們舉辦了大大小小超過一百場現場和線上音樂會，兩位天才橫溢的作曲家也十分熱愛敦煌，參考敦煌遺書二十五個古譜，實行「古譜入音，古曲新詮」，四年來累積了四十多首原創音樂去推動敦煌壁畫和藝術文化。

2021 年我們舉辦了一場別開生面的「導賞音樂會」，一邊介紹敦煌壁畫和樂器，一邊解讀作曲靈感，結合了視覺和聽覺藝術，產生共鳴，反應十分熱烈。這個視聽兼備的音樂會，讓大家對敦煌文化和藝術，理解更多，感受更深。

一直以來，我想出版一本有視聽雙重功能的書籍來介紹敦煌壁畫及其音樂，加強大眾對敦煌文化藝術的認識。我為此書取名《洞之以情》，第一部分介紹敦煌洞窟壁畫和音樂的來龍去脈，並且邀請樂團兩位年青作曲家，甘聖希和朱啟揚在書的第二及第三部分介紹他們的創作靈感，以及導賞自己的作品，演繹如何透過音樂賦予敦煌壁畫生命和靈性！

有音樂場景的敦煌壁畫由唐朝開始盛行，而且集中在佛教經變畫中，當然描繪民間音樂的場景亦有不少，不過本書的取材只集中在佛教和唐代的壁畫。我選了自己最喜歡的三個洞窟：莫高窟第 112 窟「反彈琵琶」、莫高窟第 321 窟「不鼓自鳴」和榆林窟第 25 窟「舞伎打腰鼓」，分享佛教和唐朝音樂的時代背景，以及畫工永垂不朽的工匠精神。

顧名思義，《洞之以情》是以人為中心，「情動於中，故形於聲」。

因為有人，才有情。曲由心生，音樂能影響人的心情，填補現代人精神和心靈的空虛，同時豐富人們的幻想、浪漫和情懷。

我們鼓勵大家透過音樂去欣賞敦煌文化的美！

在此，我以感恩之心，感謝敦煌研究院全人，特別是樊錦詩榮譽院長、故宮博物院王旭東院長、趙聲良書記和香港故宮文化博物館吳志華館長，感謝大家一直給予香港天籟敦煌樂團無限的支持和鼓勵，引導着我們的成長！

更呼籲大家一起肩負「文化守護者」的角色，以「承傳、保護、創新」為使命，為中國最偉大的世界文化遺產敦煌出一分力。

最後，我謹以《洞之以情》這本書獻給所有的「文化守護者」，特別是敦煌研究院的朋友們，感謝他們為「人類的敦煌」奉獻了個人一生的時間！

紀文鳳
2024 年 4 月
香港
寫在第二版

北魏　莫 248　脇侍菩薩

第一章

情迷敦煌

1 地老天荒
情歸敦煌

曾經，遠在天邊，有一個塞外文化綠洲名「敦煌」。

它孤寂地坐落在一望無際的戈壁沙漠，拔地而起的是延綿伸展在萬里無涯的崖壁洞窟長廊，連接起來可長達 1680 米 [1]。裏面收藏着絕世華夏古文化和文物，遠在深山洞窟人不識，冷酷無情與歲月無聲交織出敦煌的古樸與蒼涼，隨着歷史長河的巨輪，寂寞地忍受着長年黃沙風霜的蹂躪。

敦煌坐落在一望無際的戈壁沙漠，崖壁洞窟長廊拔地而起。

敦煌命途多舛，卻是個人間傳奇。它曾經是古代陸上絲綢之路的明珠重鎮，也是中原通往西域的咽喉之地。由公元四世紀至十四世紀，經歷了十個朝代[2]（北涼、北魏、西魏、北周、隋、唐、五代、宋、西夏、元）的輝煌歷史，由盛到衰，見證改朝換代，也忍受了遊牧民族如吐蕃、黨項族（西夏）的入侵和統治，華戎交融，看透繁華世俗，政治變遷、國際交流、文化異彩、宗教包容、戰鼓衝擊，還有海上絲路的崛起。

然後忽地沉寂了二百年，到了明朝（公元 1524 年），敦煌更被規劃及摒棄在嘉峪關之外，成為塞外遊牧之地，孤伶伶地承受被人遺忘和荒棄的苦況。

直至無知的王圓籙道士，於 1900 年間無意之中開始與外國考古學家和探險家斯坦因進行了多次愚昧無良的交易。英、法、俄、日、美各國專家隨之聞風而至，以強盜式的貪婪和搶奪，將封塵在莫高窟藏經洞的千年國寶遺物，計有五萬卷佛經和珍貴文獻文物，盜竊變賣後流向外國的博物館。

難怪我國歷史學家陳寅恪先生曾經痛心疾首的說：「敦煌者，吾國學術之傷心史也。」

敦煌藏經洞陳列館外石刻刻有：敦煌者，吾國學術之傷心史也。

敦煌人保護敦煌、搶救洞窟、研究美術史和臨摹壁畫。

情迷敦煌
地老天荒　情歸敦煌

民國初年，此事終於喚醒了國人，敦煌才得以重見天日。

首先是通過國畫大師張大千先生對敦煌石窟的推薦，觸發了于右任先生於 1942 年向國民政府提出設立敦煌藝術學院。自此之後，國家領導就開始重視和承擔保護敦煌的責任，其間留法畫家常書鴻先生買了本伯希和撰寫的六卷本《敦煌石窟筆記》畫冊。他即時受到感召，帶着妻子和女兒常沙娜和兒子常嘉陵，放棄紙醉金迷的花都巴黎直奔大漠敦煌，住土房、喝鹹水、點油燈，生活條件匱乏，其後妻子忍受不了艱苦寂寞離家出走，留下一對子女。然而，他卻甘願留下來成為國立敦煌藝術研究所的第一任所長（公元 1944 年）。他功垂萬世，人生使命是「一件事情做一輩子」，就是要保護敦煌、清理積沙、搶救洞窟、研究美術史和臨摹壁畫。他曾說過，**來生也要再做常書鴻，因為他要回敦煌去完成那些未完成的工作**。此話令人揪心！

常書鴻先生真的是名副其實的「敦煌守護神」。

常書鴻院長

段文傑院長

接着來了位祖籍四川的段文傑院長，他是常書鴻在重慶藝術專科學院的學生，從 1946 年加入敦煌藝術研究所之後，再也沒有離開過敦煌。這位「大漠隱士」以「萬事入心中」啟動臨摹壁畫，凡事親力親為，復原莫高窟第 130 窟《都督夫人太原王氏禮佛圖》的創舉，他個人就完成了 140 幅臨摹壁畫，並且致力敦煌學研究和國際交流，期間更接待了日本敦煌學家平山郁夫先生。

上海姑娘樊錦詩，在 1963 年於北京大學考古學畢業後，就義無反顧地肩負起保護敦煌石窟的使命。由十八歲做到退休，五十七年間連結婚生孩子都在艱苦的條件渡過。她和丈夫彭金章老師兩地（一個在敦煌，一個在武漢）分開工作十九年，直至彭老師辭任武漢大學歷史系教授一職加入敦煌研究院，一家人才得以團聚。彭教授是著名考古學家，來到敦煌和夫人雙劍合璧，他肩負莫高窟北區考古的重要課題，碩果纍纍。

樊錦詩於 1998 年成為敦煌研究院第三任院長，在她任內將敦煌推至世界級。她全情投入，站得高，看得遠，在保護和旅遊兩個方向取得平衡。並以雷厲風行的管治方式，重視法規，竭力保護洞窟，以免受人為和自然的禍害。在開放旅遊推廣之際，先建立旅遊接待中心，以有序協調遊客參觀。又發起以現代數字化洞窟壁畫高清地永久保存檔案，並將之免費放在互聯網公諸於世，讓更多人可以透過互聯網瀏覽和學習，增加全人類對中國世界文化遺產的認識、從而了解和欣賞敦煌藝術之美。

樊院長是「敦煌的女兒」，將自己一生奉獻給敦煌，她離不開敦煌，對她來說「我心歸處是敦煌」，直至永遠！

敦煌研究院樊錦詩名譽院長

敦煌研究院、故宮博物院王旭東院長　　　　　　敦煌研究院趙聲良黨委書記

王旭東院長是第四任掌門人，甘肅省張掖人，專業是水利工程，1991 年大學畢業後就加入敦煌研究院，主力以科技保護敦煌，延長敦煌洞窟和內容的壽命。他在敦煌一共工作了二十八年，他是 2014 年接任院長，2019 年被國家委任為故宮博物院院長，寓意深長。因為敦煌和故宮同是中國兩個最重要的文化瑰寶，並於 1987 年同年雙雙被聯合國教科文組織列入中國第一批（共六個，其中包括萬里長城）世界文化遺產名錄。

敦煌文化是由公元 366 年起經歷十個朝代，接着紫禁城（公元 1420 年開始）建於明清兩個朝代，正好是一脈相承，將二千年中華文化無縫銜接。王旭東院長能夠先後成為敦煌研究院長和故宮博物院的院長，承先啟後，繼往開來，任重道遠。

第五任院長是專家學者趙聲良老師，他是雲南人，北京師範大學畢業後留學日本，專研美術史。回國後南京和杭州兩所大學向他招手，但他反而選擇了條件清苦、資源短缺、偏遠荒涼的敦煌研究院。埋頭苦幹做研究、著書、立說和講學，全心全意推廣和弘揚敦煌學和敦煌文化，發表論文百餘篇，出版有關敦煌著作二十餘部。

2021 年底，趙聲良老師榮升黨委書記後，敦煌研究院委任了蘇伯民為院長，他是文物保護工程專家，致力用創新科技和環境保護洞窟和壁畫。現在敦煌研究院的保護成果已晉身世界級水平，是保護世界文化遺產的典範和敦煌學的研究高地。亦不時出口專有技術心得和研發，協助其他國家保護它們珍貴的文物和備受大自然破壞的天然古蹟。

保護是基礎，研究是核心，弘揚是目的。

在這裏，每一個人都以愛心去呵護這個文化瑰寶，延續「擇一事而終一生」的使命。敦煌研究院壁畫修復員（曾任敦煌研究院保護所副所長）李雲鶴老師現今九十高齡，七十年前已迷上了敦煌壁畫，窮一生的精力，在資源和工具匱乏的情況下，他自創一套方法，不畏艱苦，一分一寸地去為壁畫解決天然侵蝕和病毒，努力為壁畫延年益壽。

畫家婁婕老師風華正盛時就一頭鑽進洞窟，用了四年時間臨摹出敦煌鎮山之寶：莫高窟第 3 窟《千眼千手觀音像》，讓已褪了色的白描觀音復原在我們眼前。

而吳健老師就拿着攝影機，長年累月遊走在敦煌大自然風景線，與洞穴裏的壁畫和彩塑，朝夕相對，用心為它們留倩影，捕捉既有溫度又有高度的敦煌絕世美！

羅慶華副院長更是策展大師，帶着團隊四處奔波，將敦煌文化展覽推廣到世界各地。

在敦煌研究院，擦身而過的莫高人都是朝夕埋頭苦幹，不為私利的無名英雄。在這裏學者努力發掘敦煌的文化底蘊和建立敦煌學，而科學家和技術人員則鑽研修補洞窟和去病毒的方案，又有負責環境保護的員工定時定刻去測溫，開發「草方格」、防沙網、植物固沙等搶救工程，以防護大漠黃沙的入侵和破壞，務求敦煌可以逆行地與天地共存亡。也許是命運的安排，他們一個接一個的有「情」人，帶着一生奉獻給敦煌的崇高使命而相繼出現，活化了沉睡的敦煌。莫高人篳路藍縷，一代傳一代，努力無私地為全人類呵護這個曾經被遺忘了千年、滙聚古代中外交流的世界文化遺產；以學術和旅遊雙軌發展，一步一步推廣向國際，重新建立敦煌文化的重要性和中華文化在國際的影響力。

天地無情，人間有情。

敦煌就在歷任「文化守護者」常書鴻、段文傑、樊錦詩、王旭東、趙聲良和現任蘇伯民等院長的領導下，帶領着專家、學者、研究員、藝術家和技術人員世代守護。全憑他們的人文情懷和對敦煌的全情投入，克服了匱乏的生活條件和種種困難，建立了傳承與創新，保護和發展和培養文化自信，共同發揮**「堅守大漠、甘於奉獻、勇於擔當、開拓進取」**的莫高精神。更令人感動的是，敦煌研究院的老同事，有些即使要離開人世，還是堅持要葬在莫高窟第 96 窟九層樓大佛前對開的空地上，彷彿要寸步不離，繼續默默守護着敦煌。

自古以來，永恆豈只是「天若有情天亦老」？

「人類的敦煌」是文明的奇蹟、中原佛教的源頭、世界的文化遺產，它誕生在二千年前，活躍了千年，又沉睡千年，一百年前再終被發現。

敦煌能夠再傳世，歸根究底是天物不能暴殄，也許上天精挑細選了大大小小的菩薩，不停輪迴，遣回人間，時刻守望着敦煌。

敦煌研究院辦公區外景

「反彈琵琶」敦煌市標記

注釋：

1　莫高窟南北區全長 1680 米，由樊錦詩院長愛人彭金章教授拿軟米尺量度，是準確的表述。

2　有鑒於莫高窟跨越十個朝代，眾說紛紜。為此作者特別向敦煌研究院邊磊老師請教，以下是邊老師的回覆：關於莫高窟跨越朝代的表述分兩種情況。一種是根據樊錦詩院長的考古報告，莫高窟目前保存下來的洞窟跨越時代，最早的洞窟為北涼時期，所以時有表述為北涼至元代，前後十個朝代。

　　還有一種情況是根據文獻資料顯示，莫高窟最早開鑿洞窟的時代為前秦建元二年，前秦屬於十六國時期，所以表述中有十六國的說法。關於南北朝的說法是根據大歷史寬泛的稱謂，而北魏、西魏、北周是把南北朝時代展開的一種說法。以莫高窟開鑿跨越朝代準確的表述，應該是歷經了十六國時期、北魏、西魏、北周、隋代、唐代、五代十國、北宋、西夏及元前後十個朝代，一千餘年。

2 敦煌皈依了佛教

敦，大也。煌，盛也。

敦煌位於甘肅省河西走廊的最西端，鄰近漢邊陲的玉門關和陽關。處於古代陸上絲綢之路的咽喉腹地，也是中原文明起源和政治經濟發達的中心地帶，緊貼青藏高原和蒙古高原。這裏是多民族共處區域，是中國與西域的主要通道，從漢代已經是中原和世界各種文明的交滙點，在世界舞台上扮演着國際商貿大都會的角色，既是商業重鎮，軍事要衝，也是佛教聖地。

敦煌是中國與西域的主要通道，從漢代起已是文明交滙點。

著名敦煌學者季羨林先生曾說過，世上影響深遠的文化體系只有四個：中國、印度、希臘和伊斯蘭（波斯），而敦煌因其獨一無二的地理優勢，滙聚了史上世界四大文明於一身。

宗教方面，中原當時盛行儒、道、釋，在中外文化交流的磨合中，接觸了印度佛教、波斯摩尼教、粟特人的拜火教，以及西方早期基督教中的景教。加上西域原有的羌戎、烏孫、月氏、匈奴、鮮卑、吐谷渾、吐蕃、回鶻、突厥、于闐、黨項羌、蒙古等遊牧民族的交往、商貿甚至戰火烽煙，使敦煌這個國際大都會，就像一個文化大熔爐，求同存異，互相尊重，和睦相處，提供了中西文明的碰撞，並將周邊多民族文化和宗教信仰一併吸收，融為一體。敦煌的寬容，即使今時今日的紐約，甚至香港，都可能比不上敦煌當時的國際地位。曾經有位敦煌研究院的老師打趣問過我，在敦煌全盛時期，最多人做的職業是甚麼？我答道是為洞窟繪佛教壁畫的美術工匠。他搖頭答道：「是翻譯！」

河西文化上承秦漢下啓隋唐，敦煌於四世紀早已成為經濟文化高度繁榮的國際大都會，中西文化融滙達到頂峯。

敦煌莫高窟首先出現在前秦宣昭帝時期，經歷十個朝代，歷代興建，形成巨大的規模。沿着夯土崖邊有着累計起來長達 4500 公里的洞窟，內裏藏着千年的文化、歷史、宗教、軍事、建築、民生、藝術、音樂，甚至經濟和國際關係。

敦煌莫高窟歷代興建，形成巨大的規模。

這裏共有洞窟 735 個，南區 487 個，北區 248 個（用作僧侶生活區和禪修室），其中 492 個繪有壁畫，泥彩塑 2415 身，堪稱當今世上最大的原生態美術博物館，內容更是盛載着最珍貴的佛傳故事和佛教藝術。

除了莫高窟外，敦煌石窟羣還包括附近榆林窟 42 個，西千佛洞 22 個，東千佛洞 7 個和「五個廟石窟」6 個。敦煌石窟壁畫被譽為藝術宮殿、歷史畫廊、佛教博物館和中世紀的百科全書，博大精深。此處是人文薈萃之地，有的是永遠說不完故事和看不完的建築、彩塑以及壁畫三位一體的綜合藝術，令人目不暇給。旅客和朝聖者每一次來參觀，都會有新的發現和新的體會。

據敦煌遺書（即藏經洞內的文物和文獻統稱）記載，十六國時期即在東晉年間，前秦宣照帝建元二年（公元 366 年），僧人樂傳路過敦煌鳴沙山，停下來時望見對面三危山，萬丈金光，呈現千佛，如佛顯靈。他若有所悟，遂停居此地，並在斷崖鑿石窟建造生活居所，用以禮佛禪修，達官貴人和老百姓都聞風而來拈香禮佛，陸續吸引更多出家人如法良禪師也來到建造禪修石窟和寺廟，廣化佛緣。出現了一座又一座延續千年的石窟，使莫高窟成為朝佛聖地。根據敦煌研究院學者馬德推算，樂傳和法良二僧所造洞窟分別為第 268 窟和第 272 窟，為置有戒壇和禪修的小洞窟。

由於敦煌是古絲綢之路由中原通往中亞甚至歐洲必經之地，駱駝商旅出入往返需時，沿途又有強盜，甚至天災橫禍疾病；加上少數民族不時入侵，駐守塞外的兵團也危在旦夕。於是洞窟成了寺廟，香火鼎盛。君主公侯、豪門大族、軍閥和商賈都變成功德主或供養人，亦有僧人、畫工石匠、小市民和善男信女等社會各階層，如今時今日流行的眾籌集資繪畫經變壁畫，好讓平民百姓出門之前來參拜祈福，點長明燈，求一路平安；歸來時又要答謝神明護佑。

隋唐時中原佛教大盛，在信仰推動下，敦煌石窟寺院數以千計，故莫高窟又名千佛洞。隋文帝和隋煬帝兩父子，結束南北朝的分裂，一統天下，創新治國思維，確立中央集權的政治制度和人才選拔的科舉制度，也開建大運河。並在甘肅張掖召開國際商貿大會，大開國門，有 70 個國家使節參加，繼而廣交和平定少數民族，社會趨向繁榮安定，經濟文化興盛。由於隋文帝楊堅幼時在尼姑庵長大，篤信佛教，隋朝雖然只有短短 37 年歷史，但敦煌壁畫洞窟卻開發了 97 個，幾乎每年興建 3 個。

至於唐朝統治中原 289 年，是佛教全盛時期，建有敦煌壁畫洞窟 279 個。其後敦煌在吐蕃統治（晚唐）期間，建窟 60 個，西夏佔領時期則有 48 個，吐蕃王朝是以佛教立國，而西夏王朝亦信奉佛教。

敦煌北區石窟羣。

整個莫高窟 735 個洞窟,只有 495 個有壁畫。由此看來,敦煌莫高窟幾乎有一大半壁畫洞窟是在隋唐時代興建的。而壁畫和彩塑深受佛教所影響,其中經變畫利用圖像和故事去解釋深奧的佛經和說法,乃是從唐朝才正式興盛展開的。

故此,敦煌研究院樊錦詩名譽院長曾說過:「如果不能從佛教發展歷史角度看敦煌,就不能全面理解這些輝煌的藝術。」

敦煌壁畫和彩塑深受佛教影響。
（中唐　莫 158　主室　臥佛）

大智大悲的宗教和博大精深的中華文化在敦煌相遇見。敦煌研究院趙聲良書記認為敦煌石窟代表着失傳了的中國美術史，他亦曾說過：「我們在欣賞敦煌藝術時還是應該體會那個宗教情懷。如果沒有宗教情懷，我們很難體會和體驗敦煌之美。」

中國佛教是受印度影響，來到中國卻自行吸收和演變，遂漸漢化。中華文化常以儒道佛三教並行，但唐朝建國時卻大力扶持道教。唐高祖李淵更自命是道教始祖老子李耳的後人，用以掩蓋自己卑微的出身，從而建立威信。故初期道教和道觀大行其道，根據敦煌遺書，就發現有《道德經》手抄本。後期因道教過度參與政治，產生皇權和教權的矛盾，道教受佛教信徒抵制。到唐武宗時，推三教會歸，共同發展。

其後唐太宗李世民弘揚佛教，尊崇玄奘法師，更送文成公主去吐蕃與松贊干布和親，此為佛教發展達到歷史頂峯。佛教寺廟遍全國，共有 5338 所。

唐朝是一個極度文明開放的國度，女權得到尊重和認同，造就了中國第一位女皇帝武則天（公元 690 年）。透過手段和機遇，她由一介宮女扶搖直上到權力最高峯，並將佛教置於道教之前，佛教得到很大的發展。她廣建寺廟，除了在洛陽建造龍門石窟之外，更自稱是彌勒未來佛轉世，於公元 695 年頒令興建敦煌莫高窟第 96 洞窟九層樓內的北大佛，高 35.5 米。以自己面相做石胎塑像，用權威和慈愛給信眾膜拜，亦作為她神聖象徵，以證明自己皇位的合法性。

時至今日，每年在農曆四月初八，敦煌周邊的平民百姓會來慶祝佛誕，在第 96 窟地面通道繞大佛腳三個圈，祈福保平安健康！

佛教在此期間，開宗立派，見證了南北禪宗的誕生。但好景不常，到了第六代皇帝唐玄宗卻呈現了即將終結的預兆。他寵幸楊貴妃，重用其親屬，過度沉迷於享樂，政治日益混亂。又誤信將領安祿山，造成敗壞國運之「安史之亂」（公元 755 年）。

及至唐朝末期，唐宣宗發覺佛教氾濫，勢力過大，僧人過多而威脅政權，為了社會管治和平衡稅收。佛教徒於公元 846 年遭遇到「會昌滅佛」大舉鎮壓，約 4600 多間寺院的財產遭破壞和沒收，26 萬僧侶被逼大舉還俗，佛教進入末法的時代，大受打擊。

與此同時，一股新勢力在青藏高原崛起，誕生於七世紀的吐蕃王朝在松贊干布時代已經崇尚佛教，並在西藏拉薩興建氣勢雄偉的藏傳佛教地標「布達拉宮」堡壘式的建築羣，是傳說中觀音菩薩常住的道場。

莫 96 北大佛

隨着唐朝走入衰落，邊疆防禦鬆散，吐蕃乘虛而入，攻陷陸上絲綢之路要塞敦煌（公元 786 年），並統治了 67 年。冥冥之中卻保存了敦煌石窟的佛教殿堂級建築、壁畫和彩塑，避過唐代滅佛一劫；僧侶亦逃離京城，跑到敦煌避難。佛教繼續在敦煌大放異彩，吐蕃不僅保護了前朝所建的石窟，還開鑿了 60 座新石窟。

到了公元 848 年，以張議潮為首的歸義軍，聯手與當時在河西佛教最高領袖，德高望重的高僧洪䇦，合力擊退吐蕃，收復瓜州，將敦煌重歸唐朝版圖。莫高窟第 17 窟藏經洞內有高僧洪䇦原貌真身的塑像，背後壁畫繪有掛在樹枝上的化緣布袋和一位比丘尼，他的西壁有一塊皇帝賜予之告身碑，洞窟後來成了洪䇦高僧的影堂（即紀念堂）。

藏經洞是在公元 1900 年由王圓籙所發現，內藏有大量中古時代的文獻、佛經、法器，約共有五萬件文物。約九成是宗教文書，一成非宗教，包括有佛教典籍、通俗文學、絹畫、天文曆法、藥典針灸、兒童教育、地方志，甚至古人賬簿，包羅萬有！

以張議潮為首的歸義軍聯手與高僧洪䇦合力擊退吐蕃，收復瓜州。
（晚唐　莫 156　南壁　張議潮統軍出行圖中的軍樂）

藏經洞原為高僧洪䇾影窟。（莫 17）

中國古代觀星學已經有很高水平，現存大英博物館的紫微垣星圖本屬藏經洞，是用眼來觀星宿。西方到 1609 年才有天文學，足足比中國遲了 900 年。

張議潮家族統治敦煌至公元 914 年，歷史上為晚唐時期。

公元 907 年唐朝宣告滅亡，佛教末法時代 [1] 已經來臨的看法，以及人們開始祈求拯救世道的未來佛彌勒佛早日出現。

中原進入五代十國時期，戰亂又趨頻繁，河西走廊成為少數民族的戰場，兵家必爭之地。曹議金取代張議潮後人張承奉，於公元 914 年成為歸義軍節度使，與中原皇朝保持良好關係。他採取和親政策，娶沙州回鶻可汗王女兒為妻，又將兩名女兒分別嫁給吐谷渾王族後代和于闐國國王，藉以鞏固四方勢力。其後幼子曹元忠也繼承父業，任內保障絲路暢順，促進中外文化交流，並且積極發展農耕民生，推廣佛教，雕版印經，大造佛窟以護國消災，安定人心和造福社會。

張議潮和曹議金兩族為姻親，大舉在敦煌興建大型洞窟，不約而同為佛教作出莫大貢獻。莫高窟第 156 窟窟主是張議潮，除了禮佛敬佛之外，壁畫有繪圖以歌頌自己的豐功偉業，而莫高窟第 98 窟是由曹議金出資，供養人像身高巨大如真人。莫高窟第 61 窟是曹家後人的功德窟，洞大而壁畫豐富，眾多供養人全是親屬，仿如曹家家廟或祠堂，旨在炫耀家世。和親夫人帶着三位外嫁異族首領的女兒，衣飾冠冕堂皇，珠光寶氣，貴氣昂然！至於莫高窟第 98 窟有曹家的功德窟，繪有帝王相的供養人，為高兩米三寸的于闐王。他曾於 1006 年佔領敦煌。

11 世紀初，黨項羌族入侵，稱霸河西，建西夏王朝（公元 1036 至 1227 年，共佔據敦煌 191 年）。西夏統治者雖然是異族，但不排斥漢文化，中原顯宗佛教和藏傳密教可以共存，對敦煌石窟保護有加，繼續在敦煌莫高窟和榆林窟擴建和重修 60 個禮佛洞窟。經變畫較少，結構和佈局變了，以建築和裝飾效果為主體。淨土世界說法的主尊佛、七寶池、八功德水，甚至樂舞的場面也大大縮小，反而出現新的人物造型和西夏人的藝術風格，其中如榆林第 3 窟文殊與普賢菩薩壁畫，與及榆林第 2 窟水月觀音都是西夏時期的極品之作。

與此同時，五代十國（公元 907 至 979 年）中原戰火不停，處於軍閥稱雄割據時期。宋王朝（公元 960 至 1279 年）的君王，對河西走廊不聞不問，任由其自生自滅。虔誠的貿易商旅不再絡繹於途，敦煌石窟的供養人和功德主減少，陸上絲綢之路的重要性頓時減弱，代之而起的是以泉州為首的海上絲路的崛起。

到了元朝（公元 1227 至 1402 年），蒙古族佔領敦煌，統治者信奉伊斯蘭教，敦煌石窟備受冷落，昔日風光不再，唯獨留下以史玉柱署名於莫高窟第 3 窟「千眼千手觀音」的壁畫，年份應為公元 1341 至 1370 年間，是以白描鐵鈎筆法描繪的漢密二教觀音之驚世絕作，焦墨勾勒，色彩淡雅，一時無兩。「千眼千手觀音」有千臂千手擺動如輪轉，千眼遙視，法力無邊。普渡眾生，有求必應，成為敦煌莫高窟最後的傳奇。

大朝大寶于闐國大聖大明天子

莫高窟第 98 窟有曹家的功德窟，繪有帝王相的供養人，為高兩米三寸的于闐王。
（五代　莫 98　東壁　穿冕服的于闐國王）

莫高窟第 3 窟「千眼千手觀音」的壁畫千眼遙視，法力無邊。
（元　莫 3　北壁　千手千眼觀音）

情迷敦煌
敦煌皈依了佛教

及後敦煌佛教正式走進衰退期，敦煌石窟的三大特色：建築、壁畫和彩塑，不見當年勇，無論新開洞窟或工匠創意都失去了生命力，繼續沿用舊的粉本，昔日輕盈靈動的飛天也變得沉重笨拙。佛教在敦煌正式走向式微，敦煌洞窟的開鑿也劃上了句號，曾經輝煌近千年（公元 4 世紀到 14 世紀）的敦煌，更在明朝初期，由於種種政治原因，統治者於 1524 年將敦煌郡規劃在嘉峪關外。

> 一出嘉峪關，
> 兩眼淚不乾，
> 前看戈壁灘，
> 後望鬼門關。

敦煌被荒棄近二百年，無人管理，直到清朝康熙皇帝於 1763 年重設沙州衛，才將敦煌重新納入城內。千年敦煌，雖是與佛有緣，也要經過成、住、壞、空，循環不息，反覆生滅。

無限唏噓之餘，歷史還要寫下去，來到此刻，只有等待黎明。

注釋：

1　末法之前有正法和像法。2500 年前，佛陀釋迦牟尼於三十五歲悟道出家，他早已預言：佛法會經過三個階段，在他涅槃五百年是正法，一千年後是像法，再之後一千年是末法，自己傳的佛法將會像生命一樣，要經過殞沒和輪迴。然後世界會進入末法時代的亂象，人們貪嗔痴的惡果循環，經過一番整頓，直到娑婆世界的彌勒佛出現，亦稱未來佛，天下才可太平。

3 唐朝佛國
樂舞世界

佛教誕生在今日的尼泊爾，至
3 世紀由孔雀王朝阿育王將其
發揚光大。而中國的佛教，則是
源於印度，大約在西漢時期從
西域傳入中原後，經歷與中國
傳統儒家思想和民族文化融滙
結合，再被全面漢化。

漢武帝年代，張騫兩次出使西
域，分別是公元前 138 年和
119 年，此舉是有雙重任務：
政治和軍事。莫高窟第 323 窟
有張騫回國時，拜見漢武帝的壁
畫，這是溯源此部分歷史資料的
最佳佐證。

其後張騫聯手大月氏打敗匈奴，終於開通了絲綢之路。其中粟特人（今伊朗）最擅經商和轉口貿易，並帶來西域的香料如胡椒和奇珍異果如石榴、葡萄等。為此，漢武帝在甘肅省設了四個郡：張掖、武威、酒泉和敦煌，從此確立了敦煌位處陸上絲綢之路的地理優勢。

永平十年（公元 67 年），漢明帝曾派人去西域，在洛陽迎來迦葉摩騰和竺法蘭兩位高僧，修建白馬寺，翻譯佛經和弘揚佛教。四世紀時，將禪修帶入中國的印度高僧鳩摩羅什說過：「若初習行人，諦觀佛像相好，若自靜處，心眼觀佛教」，即如何在心中覺醒佛的形象曾是修行之道。他譯著有《金剛經》、《法華經》、《中論》和《大智度論》等。

從東漢至南北朝，來華弘揚佛法和譯經者多是印度來的高僧，中國佛教發展迅速。

十六國時敦煌與西域交通頻繁，中亞及歐洲人絡繹於途，熱衷經商。作為一個國際城市，敦煌包容了景教、拜火教、波斯教等不同信仰，令自身的中原文化不斷吸收外來的文明和養分，化整為零，當時經濟繁榮的敦煌文化，呈現五光十色，包羅萬有的景況。

到了隋朝（公元 581 至 618 年）雖然只有短短三十七年歷史，但隋文帝和隋煬帝建樹良多，管治思想先進。除了制定中央集權，隋煬帝更在公元 609 年，在甘肅省張掖市召開西域諸國首屆商貿大會，又開鑿大運河貫通南北，留給唐朝一個蓄勢待發的好基礎。文煬二帝對弘揚佛教和拓展文化藝術更不遺餘力，開拓敦煌石窟就有 97 個，幾乎每年 3 個。

所以到了唐朝（公元 618 至 907 年）[1]，帝王都崇尚佛教來治國。唐太宗李世民是位明君，雄才偉略，不甘後人，繼續東征西伐，擴張版圖。於公元 630 年消滅突厥帝國，征服了邊域的小數民族，使遊牧民族歸順，又將文成公主嫁給吐蕃王國的始創人松贊干布和親，實行睦鄰政策，終於一統天下。大唐帝國以佛教穩定民心和信仰，其後吸納和融入多民族文化，天下太平。

佛教在盛唐，如日中天，其間玄奘法師有感經文多誤，決心前往印度求法，遠赴天竺取西經。前後凡十九年，於公元 643 年帶了 657 部佛經回歸，返國後專注翻譯經書多達 74 部 13358 卷，其中包括《般若波羅蜜多心經》，大大影響後世。佛教在唐朝全面漢化，主要宗派有天台宗、華嚴宗、法相宗、淨土宗和禪宗。

玄奘面對滔滔大水，合十祈求平安過河，後面拉馬的行者是孫悟空。（西夏 榆 2 西壁 唐僧取經圖）

情迷敦煌
唐朝佛國 樂舞世界

大唐盛世，版圖遼闊，國富民安。藝術來自生活，既有強國實力，也有文化自信。大唐對外來文明採取開明和包容的態度，海納百川，成為多民族文化的大熔爐。由於社會安定，經濟繁榮，生活安逸，正是「倉廩實而知禮節，衣食足而知榮辱」。經濟衍生文明進步，人民就會追求物質享受和精神富足，滋養文學藝術，孕育出文人雅士，遊走於詩詞歌賦，琴棋書畫之間。李白、王維、杜甫、白居易等詩仙詩聖，是唐朝高度文化藝術的表表者，《唐詩三百首》流傳甚廣，一直傳誦至今。

唐朝的統治者可以說是音樂世家。由唐高祖、唐太宗、唐高宗到武則天都熱衷音樂，後來者唐玄宗還是一位愛好音樂的君王，擅長作曲和演奏曲目。除了發展宮廷音樂如《霓裳羽衣曲》，又設立音樂教育培養人才的機構：教坊和梨園。學生畢業後可以留在宮內做樂工，也可以到民間演出，優秀的更可以在朝廷做官。

教坊是皇帝培訓樂舞人才的學校，平民百姓家的女孩子在此處學跳舞、習琵琶、箜篌、古箏等樂器，為得恩寵入宮表演而努力。

而梨園則是唐代訓練樂工的機構，《新唐書‧禮樂》有記載：「玄宗既知音樂，又酷愛法曲，選坐部伎教之三百子弟，教於梨園。」沿用至今，後世將戲曲界樂工伶人稱為梨園子弟。

唐朝宮廷音樂有十部樂，大部分是由西域少數民族傳入中原民間，計有燕樂、清商樂、西涼樂、龜茲樂、天竺樂、康國樂、疏勒樂、安國樂、高昌樂和高麗樂。

唐玄宗重視雅樂，故又將十部樂分為坐部伎（即坐在表演台上演奏）和立部伎（立在台下演奏）。據太常寺（唐朝掌管禮樂的機構）考核樂師技藝，立部伎水平應比坐部伎低。相傳唐太宗喜從坐部伎及宮女中挑選優秀樂師、舞伎進入梨園，精心排練，專門在宮廷為帝王演出娛慶。

唐玄宗是多才多藝的風流天子，他熟悉音律，善於玩羯鼓，曾作羯曲九十二首。據《楊太真外傳》：「新封送玄宗舞伎謝阿蠻，帝為之組織樂隊伴奏，寧王吹玉笛，楊貴妃彈琵琶，玄宗擊羯鼓，還有方響、篳篥、箜篌、拍板等，堪稱精通各類樂器。」更由於西域少數民族和遊牧民族透過古絲綢之路通商交往頻繁，也將他們的音樂和樂器如箜篌、五弦琵琶、胡琴等帶來，融入中原文化，為大唐盛世營造一個充滿創意的精神世界。

敦煌是唐朝移民大都會。開元盛世，歌舞昇平，漢人吸納西域音樂，豐富自己，也保留自己中原樂韻。其時，最流行的是自由開放的西涼樂，當時吹胡風、胡旋舞和

胡騰舞盛極一時，舞急如風，大受歡迎。可惜沒有曲譜和資料留存下來，有的只是靠口授心傳。

西涼樂源於涼州（今甘肅省武威市），早於公元 349 年，從天竺國（今印度）傳入樂隊和樂器，包括琵琶、鼓、箜篌等。後來除了涼州本地音樂，再融入中原音樂、龜茲音樂和天竺音樂，創造自我特色；嫻雅柔婉，備受玄宗賞識，成為宮廷音樂和民間愛好者的主流。

詩人杜牧《河湟》有云：

> 「唯有涼州歌舞曲，
> 流傳天下樂閑人。」

而另一首詩，王翰（公元 687 至 726 年）《涼州詞》是樂府歌詞，是盛唐流行的一種曲調名。

> 「葡萄美酒夜光杯，
> 欲飲琵琶馬上催，
> 醉臥沙場君莫笑，
> 古來征戰幾人回。」

可見涼州樂在當時民間也非常流行。

隋唐皇室重視燕樂，據鄭汝中老師考究，燕樂是宮廷飲宴的娛樂節目，將民間「俗樂」引入宮廷，收編各種樂器，進行加工。並收集民間樂曲，組成七部樂、九部樂和十部樂等的隋唐燕樂體制。

敦煌莫高窟第 220 窟壁畫，是由當時望族世代經營的翟家窟，應是此時期最精美細緻的代表作，始建於唐貞觀 16 年（公元 642 年）。北壁是藥師經變畫，是莫高窟出現最早、場面最大的淨土變，也是敦煌壁畫樂隊中人數最多、樂器品種最齊全的一鋪音樂壁畫。生動熱鬧，氣勢磅礡，娛神娛人。

後頁圖兩旁兩組一共有二十八坐部樂伎，左邊十五位，右邊十三位，各持不同樂器。全神貫注，姿態各異，構成陣容鼎盛的大樂隊。管樂、弦樂和吹奏樂齊全，其中有幾位膚色較深，似是來自西域少數民族的樂師，中間有四位舞伎，在小圓毯上急速旋轉，開心地跳着胡旋舞。

舞台右側有一盞三層式的燃燈座，光光相照，慧燈長明，照亮世界，燃點希望。但見優雅動人的燃燈菩薩含着微笑，很安祥專注在點燈，完全不受舞伎渾身是勁的舞蹈和熱情音樂所影響，美絕了！

天宮的樂舞場面其實是人間宮廷的生活寫照。畫工以三維透視，將現實化為幻像，以浪漫的手筆畫出天宮的舞台效果，音樂場面盛大，好比今時今日在大劇院演出的交響樂團，捕捉了這瞬間的歡樂和美好。

燃燈菩薩安祥專注地點燈。
（初唐　莫 220　北壁　藥師經變多民族大型樂隊圖局部）

注釋：
1　初唐（公元 618 至 713 年）、盛唐（公元 713 至 766 年）、中唐（公元 766 至 835 年）及晚唐（公元 835 至 907 年）

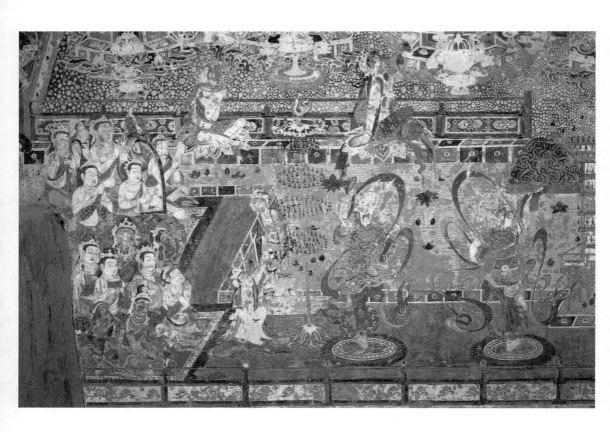

情迷敦煌
唐朝佛國　樂舞世界

左圖為西側樂隊，中間燈樓兩邊各有一對舞伎在小圓毯上急促旋轉，兩側各有一組樂隊坐於方毯上，紅框為燃燈菩薩。
（初唐　莫220　北壁　藥師經變多民族大型樂隊圖）

4 不同凡響的經變畫

佛國的歌、舞、樂成就了天上人間的共同語言和藝術，無意之中為大唐文化披上最神聖和美麗的彩衣。

「天然一曲非凡響，
萬顆明珠落玉盤」
唐 ● 程太虛《漱玉泉》

佛教由印度傳入中原，最初是透過印度高僧將佛經由梵文譯為漢文，經文闡譯大部分帶有印度文化色彩，未能完全達意。故此在佛教漢化的過程中，佛典哲理深奧，譯文隱晦，研讀不易。加上佛教教義博大精深，對一般知識水平甚至文盲的善眾來說，的確是比較艱澀難懂。

經變畫以通俗故事講解佛經,圖為九色鹿揭善惡有報的故事。
(北魏 莫 257 西壁 九色鹿王本生)

有見及此,唐代佛教首創以經變畫來講解佛經。首先在長安流行,然後再傳到 1500 公里外的敦煌莫高窟,成為主流的壁畫題材。經變畫以通俗故事來講解佛經,將深奧的經文變易為通俗文字,是為變文,畫出來的是為變相。圖文並茂,亦有變文體制,即僧侶講一段經文故事,誦一首詩,是為說唱,以增加信眾的興趣和理解。

供養人或功德主出資建造洞窟,有權指定題材。經變畫大量應用於壁畫中,起初一牆一幅經變畫,後期可能洞窟不敷應用,於是一個洞窟經常有十多種經變畫填滿四壁,龕壁龕楣周邊有飛天、山水、佛教故事連環圖,也有圖案花紋點綴,令人目不暇給。有的多到眼花繚亂,卻又亂中有序,後世來參觀洞窟,實在需要有導賞員從旁解讀欣賞,才能領悟個中的奧妙。

根據敦煌專家考究統計,莫高窟的經變畫多達 24 種,共 1055 幅,其中以藥師經變為最多,其次是觀無量壽經變或稱西方淨土變,再其次是阿彌陀經變。

大唐佛國流行淨土宗,這是民間最簡單的修練方法,只要你誠心每天念「南無阿彌陀佛」幾千遍,到你去世的時候,佛陀和眾菩薩就會來接你去西方淨土,脫離六道輪迴,去到娑婆世界以西,有個十萬億佛土極美好的地方。故此供養人除了自己行善積德,往往希望透過經變壁畫的內容,藉此教化人心,廣種福田,才能為自己積福在來世托生到極樂世界的憧憬。故此石窟也有供養人的畫像,手捧香爐,列隊或跪地禮拜。

莫高窟的洞窟都是坐西朝東,窟內佛龕多開在西壁,如有佛壇,會以主尊佛彩塑像為中心,旁邊為二弟子、二菩薩和二力士。由於早上陽光會照在西壁的佛龕,因此西牆壁畫褪色最厲害。

主尊佛彩塑像旁邊為二弟子、二菩薩和二力士。（盛唐　莫 45　西壁　西龕　彩塑一鋪）

四壁經變畫多為說法圖為主體，主尊佛在畫中央，兩邊是觀世音菩薩、大勢至菩薩、天龍八部和眾多的聽法者。牆上壁畫有靈動活潑可愛的飛天在散花供花，以及彈奏音樂的伎樂天和舞伎，載歌載舞在頌讚禮佛，一片歡樂祥和。

敦煌石窟內有壁畫和塑像，造像和構圖全部優美無比。每個洞窟是由功德主出資和擁有，也可以在洞窟壁畫上留名，然後由僧人負責策劃和設計內容，共三個分工：開鑿建造、塑像和壁畫。而造窟工匠可分為石匠、泥匠、塑匠、木匠和畫匠等。根據學者馬德在《敦煌石窟營造史簡述》，一個洞窟由開始至完成，是需要經過修整崖面、鑿窟、繪製壁畫、創造彩塑、修造並裝飾窟簷或殿堂等程序。

壁畫是洞窟的靈魂，由畫工賦予生命，但當時的畫工不像五百年後在歐洲文藝復興時期最傑出的意大利著名雕刻家、建築師和畫家米高安哲羅那麼幸運，在意大利梵蒂崗天主教小堂繪壁畫而留名千古。

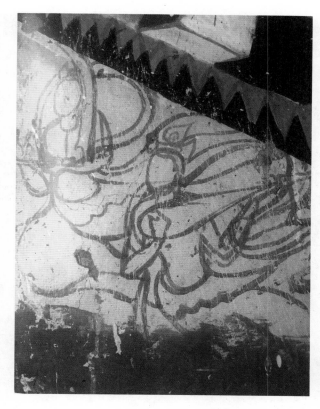

此飛天起稿線圖用了土紅色線條，落筆準確，粗獷有力。（西千佛洞第7西壁　白描伎樂飛天底稿）

大抵藝術家（artist）和工匠（artisan）之分，在於藝術家是個人行為，沒有創作約束，不在乎受眾喜歡與否；即使有指定題材，也可以有自我色彩，自由發揮。而畫工卻是根據功德主的要求和目的等來創作，如指定經變畫的內容和限制，佈局構圖又要講究程序，排列有序，有底稿並以線條造型，即有起稿線，如白描速寫。壁畫構圖通常是分中左右對稱，主題粉本（草稿）結構大同小異，畫與畫之間不同之處是畫工的佛心、功力和想像力！

此處的畫工與米高安哲羅相比，不一定是同一級數，但他們都是天才橫溢的藝術家，功力深厚，想像力豐富。這裏大部分洞窟的壁畫，作者均隱姓埋名，很少有作者姓名的落款題跋，完全是集體創作，工作成績歸團隊和判頭，每人分工合作，流水作業，各自負責不同部分和功能。令我想起九十年代初期，深圳市龍崗區大芬村，以油畫創作和臨摹作為藝術文化產業而揚名四海的畫工。由於洞窟開鑿不易，也可能費用不菲，故每一吋牆壁都填滿圖案壁畫，令人目不暇給。後人更發現，有

壁畫營造一個至善至美的目的地：西方極樂世界，讓人們產生熱望、渴求和嚮往。
（盛唐　莫 217　主室　北壁　觀無量壽經變）

情迷敦煌
唐朝佛國　樂舞世界

供養人乾脆將新的壁畫蓋過舊壁畫，可幸大畫家張大千先生有次在洞裏，見表層壁畫整片剝落，才發現還有一層的壁畫（現今編號是莫高窟第 220 窟）被蓋掉而不見天日，這類作為供養人的功德主似乎缺乏功德心。

壁畫中佛國的魅力，其實是靠畫工非凡的想像力，這些無名大師用的是粉本，專門供複製壁畫用的底稿或白描圖稿，加上自己繪畫功力、想像力和宗教信仰。有可能他們都是虔誠的佛教徒，透過生活感悟，相信佛陀和十方世界神明庇祐，修其功德解脫現世痛苦，期望今生來世可以得到回報。作畫酬勞條件苛刻，工作環境極其艱苦；一幅畫完成需時數月，長期在沒有照明的黑漆洞穴裏，一手拿油燈，一手拿畫筆，或靠透入的微弱日光作畫；穿不暖，吃不飽，地位卑微。

如果不是以敬畏天之心，對天國的嚮往，全情投入，以達到心無掛礙的奉獻精神，豈能將佛陀和菩薩在西方淨土表達得如此歡樂無憂，尊嚴莊重？飛天伎樂又豈能如此流暢靈動和活潑可愛？有說他們幻想的天宮，是依據人間帝王宮廷歌舞慶典的盛大場景，菩薩飛天是參照宮內的美女和舞伎，再加入無限創意來美化和歌頌這個理想的天國，就成為每個人心中「無有眾苦，但受諸樂」的極樂世界！

用現代人的語言來分折，經變畫其實是宗教廣播宣傳的工具。因為人類生來就是要體驗生、老、病、死，可惜死後是個未知數，令人產生無窮恐懼。於是宗教信仰賦予人們精神力量，安自身心，佛教就是透過敦煌壁畫的內容，如十六觀、未生怨、九色鹿等佛教故事，教化世人，積善積德。營造一個至善至美的目的地：西方極樂世界，讓人們產生熱望、渴求和嚮往。

後記：
作者前半生從事廣告行業，有感窟主開發洞窟，是用來作為現代人稱作廣告招商的位置，讓功德主（即廣告主）出資，聘請工匠設計團隊。就如今天廣告公司的設計部門和畫工，製作出引人入勝的圖像和訊息，去達到宣傳和銷售目的。由此可見，中國廣告行業的始祖可以追溯到唐朝的宗教推廣。

5 此曲只應天上有

縱觀敦煌莫高窟，在 492 個現存
的洞窟壁畫中，圖像最富想像力
和顏色保存得最好的洞窟壁畫，
個人首選是敦煌莫高窟第 321 窟。

阿彌陀經變上部的天空中，在祥雲、花柱和飛
天裝飾環繞下，天樂自鳴，共有 14 種 36 件
樂器，是敦煌壁畫所繪樂器最多的一幅。
（初唐　莫 321　北壁　不鼓自鳴全圖）

菩薩身處天宮樓台上，憑欄俯視人間。（初唐 莫 321 龕頂 菩薩憑欄圖）

第 321 窟建於公元 690 至 705 年，武則天統治期間。此窟為覆斗殿堂式洞窟，西壁開龕，內有六身塑像：一佛二弟子二菩薩和力士。龕頂繪有彌勒佛說法圖，龕外兩側有觀世音菩薩和大勢至菩薩，窟頂藻井有團花圖案，四坡周邊繪有千佛。

佛龕頂部右側有兩重精美又華麗的雕欄，一排六位菩薩，又稱為散花天人。她們身處天宮樓台上，憑欄俯視人間，每位婀娜多姿，儀態嬌美，俏皮可愛，神態自若。互相私私細語，談吐之間，好像在洞察人間情，其中有一位嘴角還帶着一絲微笑。大家無拘無束在談天說地，好一幅「人在做，天在看」的情景。背後是藍天碧空，祥雲繚繞，兩位優美靈動的飛天由上至下凌空而降，好像急不及待要加入聊天羣。

西方的天使靠着一雙羽翼而飛翔，而敦煌的飛天只需要輕輕披着或手臂綑繞着長長的彩帶，靈動有緻，就可以活化起來。自由自在，隨風飛翔，而且靠着畫工描繪的簡單線條就能發揮出極高的動感和速度。

這是個典型的唐代經變畫洞窟，一共有多鋪經變畫。除了西壁，北壁有阿彌陀經變，南壁有十輪經變，東壁有三鋪說法圖，門南有接引佛，門北則有十一面觀音菩薩。

樂器在無人操作把持下，演奏出「吹、彈、打」的妙音，譜出禮佛歡樂頌。
（初唐　莫321　北壁　不鼓自鳴全圖局部）

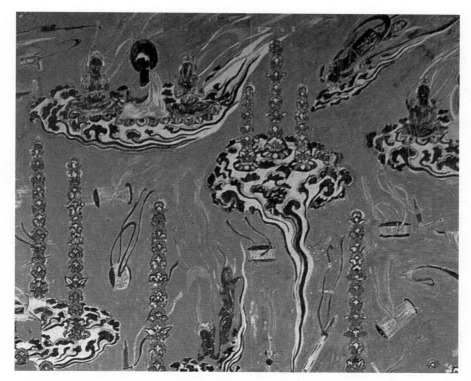

在飛天護送之下，一佛二菩薩，坐在祥雲座駕上，趕着去參加說法會。
（初唐　莫 321　不鼓自鳴全圖局部）

北壁阿彌陀經變繪有最完整和最具規模的不鼓自鳴全圖。這個大型的空中大樂隊，佔了整個壁畫上空，場面震撼，也是想像力去到極至的最高境界。

根據敦煌研究院出版《佛國的天籟之音》作者鄭汝中老師所寫：「不鼓自鳴」一詞出自佛經，竺法護譯《普翟經》中有「其王宮里，箜篌琴瑟，箏笛簫笳，不鼓自鳴，演悲和音」。意為佛國極樂世界處處有仙樂，無需人把持演奏，樂器自己會發出美妙的聲音。

整個壁畫的天空背景是用西域青金石的顏料來打底，即使經過 1500 餘年的歲月洗禮，仍可展示出恍如盛夏晴天的湛藍天空，賞心悅目，令人精神為之一振。遊人進入第 321 窟，仰望着這個無比美麗的天宮仙境，感覺是神秘奇幻，大不可極，更深不可測！

其間十身飛天，出現雲端，千姿百態，披着彩帶，騰空而起或急降而墜。搖曳生姿，有單飛也有聯羣結隊，有合十、散花，自由飛翔，她們常出現在樂鼓齊鳴、滿天飛

花的佛說法圖，亦有在藻井、佛龕和洞窟四壁的上角。

這羣美麗的飛天使者，其實是開路先鋒，以活潑靈動，從容可愛的姿態和神韻，開心地護送四組一佛二菩薩。各自坐在祥雲坐駕上，騰雲駕霧，大家都趕着去聆聽端坐在圖正中央的主尊阿彌陀佛主持的說法會。

極樂世界處處有仙樂，花雨蓋天，這裏只有善良只有美。此時，穿插在祥雲、花柱和飛天的天空中，出現了「不鼓自鳴天樂」，壁畫中一共有樂器十四種三十六件，足夠構成一個交響樂團。陣容鼎盛，數量之大是其他繪有不鼓自鳴圖像的洞窟（第 217、第 172、第 112）都無法比擬的。其中樂器有琵琶、腰鼓、橫笛、笙、古箏，全部在繫有輕盈有緻的彩絲帶帶動下，空靈活脫，隨風飄蕩，放飛空中。它們排列有序，自由組合，交錯在華麗高矗的寶塔樓閣和寶樹寶幢建築羣之間，與飛天交替着巡迴，動靜結合，在無人操作把持下演奏出「吹、彈、打」的妙音，譜出禮佛歡樂頌！

雖然佛經有：「百千天樂，不鼓自鳴……寶珠化成無量樂器，懸處空中不鼓自鳴」的記載，但不鼓自鳴沒有出現在早期的壁畫中，而是直至唐代才開始廣泛出現。根據高德祥老師在其《敦煌古代樂舞》一書的觀察和分析中，就假設到這份靈感可能來自唐朝流行把樂器掛在風箏上，或稱紙鳶放飛的玩意。高老師更引經據典，在《詢芻錄》

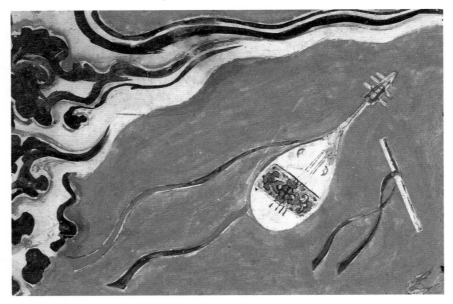

天空中隨風自鳴的為直項琵琶，這是進入唐代後琵琶繪製出現的風箏樂器新變化，古籍有記載紙鳶早已在隋唐民間流行。（初唐　莫 321　北壁　彩繪琵琶圖）

中有記載：「五代李鄴於宮中作紙鳶，引線采風為戲，復於紙鳶首，以竹為笛，使風入竹，聲如箏鳴，故為風箏。」他更引證紙鳶帶樂器飛翔，早已在隋唐民間流行！

此處證明敦煌壁畫圖像的表現手法和參考，應該是從民間取材。敦煌古代的畫工很有可能從風箏聯想出「不鼓自鳴樂」。從抽象到具象，除了有非凡的藝術功力，估計他們都是虔誠的佛教徒，才能有這份忠誠和想像力，融滙貫通天宮的抽像概念，將樂器繪在壁畫上。並與飛天異曲同工，以不同組合和形式，凌空飛舞，錯落有致，為天國營造歡樂祥和，虛幻浪漫，優哉游哉的人間仙境。

作曲家及指揮家譚盾曾經說過：「那些不鼓自鳴的敦煌壁畫，畫的是用思想去擁抱宇宙，用藝術傳於後人，做人識世，奉獻慈悲，創造人類善與和平。」

亦有文章記載，日本宇治平等院鳳凰堂上有記載：「笙管笛簫，琴瑟琵琶，無非日月星辰，唯當鐘鼓齊鳴時，雲中供養菩薩方能叩開佛國天堂的大門」。這可能是「不鼓自鳴」的由來。

唐代詩聖杜甫（公元 712 至 770 年）曾作七言絕句《贈花卿》：

> 「錦城絲管日紛紛，
> 半入江風半入雲，
> 此曲只應天上有，
> 人間能得幾回聞。」

無獨有偶，詩人這首詩最後兩句的正好是形容敦煌莫高窟第 321 洞窟壁畫描繪的最佳寫照。也許是唐代文人雅士抒發的感情和感慨，和洞窟的畫師工匠的願景和敬業心靈相通，文字和壁畫異曲同工，發揮出天上人間的無限創意和豐富的想像力。

此曲只應天上有，人間能得幾回聞？

這個問題問得好，彼岸是個謎，俗世凡人肯定沒法叩開天宮大門。「不鼓自鳴」是宇宙的音樂，雖然敦煌壁畫的音樂圖像，提供了無限空間給後人去聯想，但一定沒有人聽過。

天上與人間，極樂世界和俗世凡塵，兩者無法相通，如何將敦煌壁畫內的音樂場景，透過千年前畫工將虛擬幻想的視覺圖像，和超出想像的聽覺享受融合，這將會是後世的音樂家，需要面對的一個無法重組的懸疑和懸念——究竟甚麼是仙樂？

6 淨土梵音妙舞

自 2010 年至 2020 年間，我一共去了敦煌十四次，一直嚮往能有機會可以親眼觀賞名聞遐邇的莫高窟第 112 窟「反彈琵琶」的真跡，因為第 112 窟是最受重點保護的其中一個特窟，雖然每次進入敦煌市中心，必定會經過作為這城標誌的「反彈琵琶」伎樂天的大雕像，卻總是有緣無份。然後機會來了，我在 2017 年 10 月終於夢想成真，感動之餘，我發願要將敦煌的仙樂帶回人間。

莫高窟第 112 窟是最受重點保護的
其中一個特窟，作者於洞外留影。

舞伎左手舉琵琶反背腦後，右手作反彈狀，屈身吸腿，動作優美。（中唐　莫112　南壁東側　觀無量壽經變中反彈琵琶樂舞圖）

莫高窟第112窟建於中唐，卻屬吐蕃統治敦煌時期的小型殿堂，面積約四平方米，每次只能容納四至五人入內觀賞，大家擠在一起，連轉身也不敢，深怕會碰撞傷害壁畫。

正是麻雀雖小，但五臟俱全。這個洞窟幾乎是經變畫大全，九種經變畫，畫面不大。西壁龕內的屏風畫有九龍灌浴的故事和彌勒經變，南壁有金剛經變和觀無量壽經變各一鋪，北壁有報恩經變和藥師經變各一鋪，而東壁則有降魔變、大勢至經變和觀音經變共三鋪。其中有四鋪經變畫是繪有樂舞場景，各壁精美絕倫，結構嚴謹，內容豐富，畫藝非凡。為了保護洞窟，遊人不許停留太久，大家只能集中精神和眼力，去欣賞我們慕名而來觀賞南壁東側的「觀無量壽經變」。

這鋪經變畫描繪西方淨土變，亦即是佛教徒憧憬今世積善積福，往生後就可以去到佛教的理想國。圖正中是佛陀在說法，左右兩側為觀音菩薩和大勢至菩薩，聯同十方菩薩來聽佛說法。佛的上空是祥雲、飛天和不鼓自鳴樂器，佛下是表演台，有坐部伎樂天和舞伎在演出娛佛，場面盛大，通過樂舞表現出西方淨土、極樂世界的歡樂祥和氣氛。

（中唐　莫112　南壁　觀無量
壽經變之樂舞圖局部）

解讀員將大家的注意力，全都放在這幅約佔版面十八吋乘十八吋的樂舞演出。坐部
伎樂天是個小型樂隊，猶如今日的室內小樂團。左右對稱，每邊三人在演奏，樂器
主要是吹奏、彈撥和敲打，中間的天國舞伎則在翩翩起舞。她以「三道彎S身形」
的優雅姿態，上身微微向前傾，右臂將曲項琵琶放在肩背後。左臂反手彈撥，邊彈
邊跳舞，左腳貼地支撐身體平衡，右膝抬起，翹起姆指，打着拍子，專注其中。身
穿天衣，上身半裸，頭束高髻，頸掛瓔珞，絲帶披身，隨舞飄動；肚纏腰巾，下穿
燈籠褲，整個舞蹈動作帶有西域小數民族的味道。壁畫就如攝影定格，捕捉了這幕
樂舞神奇美妙的一刻。

如所有的坐部伎樂天一樣，這位國色天香的舞伎，代表着唐代美女的特色。珠圓玉
潤，超逸圓渾，秀眉鳳目，粉臉透紅，櫻桃小咀；雖然體態豐盈，卻又柔軟有緻。
有音樂界朋友指出，邊跳舞，邊表演反彈琵琶，難度比較高，現實裏並不多見。

排位方面，坐部伎樂天在左側最前位置是玩拍板，其後是橫笛，最上是雞婁鼓和鼗
鼓。而右手邊是彈撥樂器，最前是琵琶、阮和箜篌。「推手為琵，引手為琶」，琵琶

是最古老和最普遍的彈撥樂器，在漢朝文獻早有記載。敦煌壁畫中琵琶最早出現在莫高窟第 285 窟（西魏），一直無間斷至宋朝，一共有 700 多件，是壁畫樂器之首。後來有僧侶帶琵琶到日本，京都正倉院至今還收藏有唐代胡人彈奏「螺鈿紫檀五弦曲項琵琶」的實物，作者於 2019 年目睹真跡，保存完整常新，令人眼界大開！

阮則只流行在唐朝，之後就淡出壁畫。阮，又名阮咸，是漢代琵琶的一種，音色中正渾厚，形制有大、中、小，以及高、低音阮。最早見於莫高窟第 285 窟的持阮飛天（西魏），而在第 220 窟壁畫（初唐）上繪有花瓣形大音箱的花邊大阮，造型特別，令人驚艷。

古代箜篌則是宮廷樂器，最早見於西魏敦煌莫高窟第 285 窟，有臥箜篌、豎箜篌和鳳首箜篌三種形制。音色清越空靈，是在漢朝由西域傳入，故又名胡樂。在敦煌壁畫的數量僅次於琵琶，有 200 多件，邊框大多繪有別緻的邊框紋樣，裝飾精美。

敦煌拍板源於初唐，通常是坐在頭排第一位，不阻擋後排，擔當指揮的作用。橫笛

京都正倉院收藏唐代胡人彈奏的「螺鈿紫檀五弦曲項琵琶」。

情迷敦煌
淨土梵音妙舞

敦煌壁畫中箜篌圖形甚多，僅莫高窟就有二百多隻。（西魏　莫 285　南壁　飛天擘箜篌圖）

始於北涼，流傳自今，形式改變不大，在敦煌壁畫內有領奏地位，既有音量也有高音。至於雞婁鼓和鼗鼓在隋唐燕樂是由一人兼操這兩件樂器演奏，是唐代樂隊中不可缺少的樂器。

據說「反彈琵琶」的舞伎確有其人。莫高窟第 112 窟是畫工參照了敦煌女子程佛兒的造型，她曾經在長安宮廷內的大型歌舞團演出，因安史之亂，皇帝出走，舞伎們逼不得已從皇宮各自逃命返回家鄉。由於過往能夠在宮廷立足，甚至御前表演，程佛兒跳舞造詣訓練有素，藝技出眾，這刻回到家門，即使要賣藝為生，也是氣質非凡，出色脫俗。

有說敦煌洞窟第 112 窟的「反彈琵琶」歌伎，不會將琵琶放在肩膊上彈奏，現代音樂家和歌舞專家都認為沒太可能，超乎想像。尤其是要邊彈樂邊跳舞，但也有學者在考究中，發覺在新疆真的流傳這個表演姿態。

由此可見，敦煌壁畫每一吋都有學問、有爭議，也有研究，沒完沒了！

1977 年，北京中國藝術研究所五位大師組織了一個舞蹈研究小組去敦煌考察，發覺敦煌石窟原來是一個中古時代中國音樂和舞蹈的博物館，是盛唐舞蹈的珍貴藍本，得到了無限創作靈感。

音樂舞台劇《絲路花雨》是以敦煌莫高窟第 112 窟為依歸，以絲路上商貿大會為歷史背景，充份利用敦煌壁畫內很多舞蹈造型。主題則用舞蹈語言描述敦煌老畫工神筆張和女兒英娘悲歡離合的動人故事，從中反映出當時唐代西部多民族的包容文化。當中除了英娘演活了「反彈琵琶」的高超舞藝，劇中還加插了中原舞、波斯舞、印度舞、土耳其舞、柘枝舞、涼州舞、羽衣舞及新疆舞等，場面宏大，製作一流。色彩斑斕，音樂動聽，扣人心弦，重現唐朝盛世的輝煌成就，令人嘆為觀止。

《絲路花雨》於 1979 年首演，更在全世界巡演，是介紹中華文化的代表作。40 多年來在歐、美、日本和中國內地、港澳台等 40 多個國家和地區一共演出 3000 多場，觀眾達 450 萬人次，令「反彈琵琶」深入民心，是敦煌壁畫藝術最好的宣傳。作者在甘肅敦煌大劇院也看了兩回，百看不厭。

著名音樂大師譚盾為了實現「聽得到的敦煌音樂」，也在其 2018 年首播的名作國樂《敦煌 · 慈悲頌》交響樂中，融合了「敦煌藝術、東方哲學和當代詩意」的民族音樂，介紹了反彈琵琶、鳳首箜篌、敦煌奚琴等中古樂器，向全世界弘揚敦煌文化和古樂。

《絲路花雨》重現唐朝盛世的輝煌成就，令人嘆為觀止。

情迷敦煌
淨土梵音妙舞

《千手觀音》樂舞無論在表演人數、排列、服飾、舞蹈編排，全部巧奪天工。

敦煌壁畫是創意靈感的泉源，得到《絲路花雨》成功的啟示，另一個經典的代表作，是依據敦煌莫高窟第 3 窟創作的《千手觀音》大型樂舞。由中國殘疾人藝術團的藝術總監和傑出的舞蹈指導張繼剛精心設計，無論在表演人數、排列、服飾、舞蹈編排，全部巧奪天工。

最不可思議的是，演出的舞蹈藝員都患有聽障，這班美麗的聲啞姑娘，需要加倍努力去克服重重困難，如理解節拍，跟上音樂，做出整齊優雅的完美動作和舞蹈。她們在幕後不知流了多少汗水和淚水，在金光燦爛的舞台上，聖潔的演出，演繹佛國之美，發揮着堅毅果敢的精神。一舉手、一投足，以肢體語言傳達觀音對人間的祝福，散發出大慈大悲觀世音菩薩的愛心，以千眼去洞察世間是非善惡，以千手去救急扶危苦難中人。

敦煌《千手觀音》樂舞在 2005 年首次在央視春晚演出，大放異彩，除了驚艷，就是驚艷！當大家知道舞蹈藝員全是有聽障的美女，更觸動人心，震撼全場。感動成千上億國內外的觀眾，打破種族和宗教隔膜，為敦煌文化藝術和中國民族舞蹈創造奇蹟。

7 「異工同曲」的敦煌音樂壁畫

有人說敦煌石窟羣是千年佛教聖地，也是全世界最大的佛教藝術博物館。

敦煌藝術之可以感動世界，正因為敦煌是古絲綢之路的交通樞紐：世界四大文明、六大宗教、十餘個西域民族融滙於此，在不同文化的融滙和碰撞下，集其大成，不停將其藝術基因混合、轉化和重組。

而敦煌在歷史長河中，政權曾經數次更迭。曾經被域外異族，如月氏、匈奴、西涼、鮮卑、吐蕃、西夏等佔領和統治，而遠在中亞和歐洲的使者、商旅（如粟特人，即今日伊朗薩馬罕）甚至僧侶絡繹於途。敦煌人吸收了各國文化精粹，將外來文化和中國文化合體，自我特色更加不言而喻。

我常比喻大唐盛世的敦煌是香港的前世今生，兩者都是不同的年代中國最重要、最繁榮的國際城市。香港這個嶺南文化城市，被英國人在香港實行殖民統治百多年，對敦煌，我們感同身受。作為中西文化薈萃的國際大都會，負面來看，我們可能是「不東不西，不是東西」；另一方面來看，「兩邊通」成就我們的獨特思考方法。所以在創意方面，小小彈丸之地，過去在電影、電視劇集和流行音樂每有突破，風靡全球華人世界。香港當然不能與敦煌同日而語，因為千年敦煌在石窟羣留下珍貴至寶的壁畫，這是文化。傷感的是，千年之後，香港有甚麼可以留下來？

佛教原由印度傳入中原，不斷在異域優化，最終被華夏文明徵用和漢化，來到敦煌這個文化大熔爐，當地人累積的文化內涵的確與別不同，正因如此，這裏的畫工才能為後世留下鬼斧神工的傳世之作。

敦煌壁畫雖然看似創意無限卻是有限。窟主和供養人在出資繪圖之前，已經依據僧侶的推薦或金主的心頭好，挑選了特定的經變畫，而不是由地位卑微的畫工任意構思或決定。壁畫主要是環繞佛教和佛經為主題的內容，包括佛陀主尊的尊相畫、釋迦牟尼故事畫、佛教東傳畫、經變畫、神怪畫、供養人畫及圖案花紋等七個專題。

《大智度論》：「菩薩欲淨佛，故求好音聲，欲使國土中眾生聞好音聲，其心柔軟，心柔軟故受化易，是故以音聲因緣供養佛。」

敦煌音樂內容有樂伎、樂器及樂隊，有天宮樂伎、化生樂伎、藥叉樂伎、菩薩樂伎、供養人樂伎、民間樂伎、不鼓自鳴，還有各種樂器。

無獨有偶，我最鍾愛的兩幅觀無量壽經變畫，莫高窟第 112 窟和榆林窟第 25 窟，同是在中唐吐蕃佔領時期完成。一個在敦煌，一個在榆林，大家距離相差 170 公里，但這兩鋪經變畫都有音樂場景，而且內容、設計、舖排都相類，不可能是如有雷同，實屬巧合。說穿了就是當年壁畫的製作，是有程序和「粉本」的，現代人稱之為畫稿。

我們比較一下莫高窟第 112 窟南壁「反彈琵琶」和榆林第 25 窟南壁「擊鼓舞伎」這兩幅壁畫，都是畫觀無量壽經變，所畫的是阿彌陀如來居住的西方極樂世界。

（中唐　莫 112　南壁　觀無量壽經變中反彈琵琶樂舞團）

情迷敦煌
「異工同曲」的敦煌音樂壁畫

（中唐　榆 25　南壁　觀無量壽經變的八人伴奏小樂隊）

莫高窟第 112 窟在上文介紹過了，我們就集中在這裏先觀賞榆林窟第 25 號南壁「觀無量壽經變」，再作比較。

由於植物顏料容易揮發變黑，榆林 25 窟這幅壁畫能夠顏色鮮艷，很可能是用色得宜，用了褚紅色、石青、石綠等石礦顏料，加上菩薩的臉都用白色，即使過了千多年，還能保存得近乎完美無瑕，光彩奪目；青山綠水，畫工精美，人物表情細緻豐富，是榆林窟最精彩突出的代表作。

這鋪牆中部是雄偉壯觀的西方淨土圖，展現出歡樂祥和的極樂世界！框以蓮花紋圖案，兩側分別是以直長條幅的故事畫，由下至上，右側是「未生怨」，講因果報應，左邊是「十六觀」的修行途徑，是佛陀教人如何一心靜觀，擺脫塵世雜念，才能往生西方極樂世界。

淨土畫正中，是主尊無量壽佛結跏趺坐在蓮花金剛寶座上，施無畏印，肅穆莊嚴。兩旁為脅侍菩薩，有觀世音菩薩和大勢志菩薩，然後兩邊對稱坐着供養菩薩和眾天

人在專注聽佛說法。主尊佛頭上有華麗的華蓋，背後有菩提樹，花雨繽紛，大殿上空飛揚着笙、笛子、鼓、琵琶等不鼓自鳴樂器，繫着長長彩帶，穿越祥雲。

圍繞着佛壇的是美倫美奐的亭台樓閣，用七寶（即金、銀、琉璃、珊瑚、琥珀、硨磲及瑪瑙）點綴裝飾的寶樹寶幢，百花齊放，百鳥共鳴。迴廊左邊出現仙鶴和拿着拍板的迦陵頻伽妙音鳥（鳥首人身）在和唱，迴廊右邊是一身雙頭共命鳥在彈鳳首琵琶，旁邊孔雀在開屏曼舞，還有鸚鵡在唱歌。他們在導人積德向善，以便往生後進入只有善良、只有美的極樂世界。

大殿下方有一個歌舞台，延伸到在水中央。兩旁各有四位坐部樂伎在奏樂，右邊順序最前是琵琶、笙、篳篥和海螺，對面前排依次則是拍板、排簫、橫笛和豎笛。中間有一地毯，一位體態豐滿的舞伎邊跳舞邊拍打腰鼓，讓人聯想起安祿山以一百公斤的身軀跳胡旋舞。她手指腳趾張開，充滿動感和張力，眼睛注視旁邊彈着琵琶來伴舞的迦陵頻伽。這個娛佛樂舞會，場面偉大，前方兩側還有在聽法的天人和供養菩薩。包圍着大殿和舞台四周的是七寶蓮池、八功德水，但見蓮花綻放，是傳說中根據前世因、後世果的轉世方法。蓮生化童子嬉戲其中，有合十、有張望，也有在捉鴨子，生動活潑。

我們不難發現莫高窟第 112 窟和榆林第 25 窟是用同一個粉本（榆林第 25 窟右上角見到起稿線），兩者同構圖，連仰視、平視和俯視的三個視點設計都幾乎是如出一轍。不過內容有調整，風格亦不同。莫高窟第 112 窟是以金黃色為主，動作優雅，寧靜閑逸；榆林第 25 窟則以宮廷紅色襯托出富麗堂皇的喜慶氣氛。

人數方面，莫高第 112 窟樂師六人，音樂舞伎一人；而榆林第 25 窟八人，音樂舞伎一人，加迦陵頻伽樂伎一身。兩圖的人物都以白色為面容顏色，故不易氧化變黑。面容雍容華貴，櫻桃小嘴配粉黛線眉，珠圓玉潤，正是唐代流行的妝容，畫家亦以宮女描繪成菩薩。

下圖左是莫高窟第 112 窟，右是榆林第 25 窟，同樣構圖設計的經變畫，同樣坐在第三排吹橫笛的伎樂天。即使用同一個粉本，同一姿態，由不同的畫工描繪就有不同的效果和表情。左邊的伎樂天吹奏時悠閑寫意，橫笛繪製寫實，連吹孔按孔都清清楚楚呈現。右邊的卻是更為仔細逼真，人物有溫度和生命，眼睛全神貫注，吹奏時手指的動作尤似真人。這是「異工同曲」的最好證明，兩者都是絕佳之作。

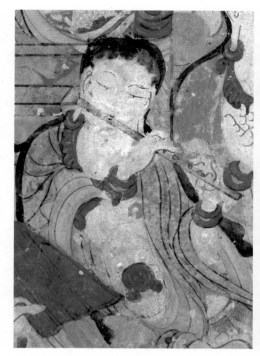

兩幅同是描畫吹笛，在壁畫中的位置是相同的；但畫工不同，畫技也有分別。（左：中唐　莫112　南壁　演奏橫笛圖；右：中唐　榆25　南壁　繪製逼真的橫笛圖）

兩幅經變畫應該是兩批不同的畫工所作，寫實加幻想，兩者的分別在於各自的理解和音樂知識，難得的是同樣功力深厚，想象力豐富。由於他們都是基層的普通人，在營造和描繪天宮佛說法的大宇宙場面時，參考資料用了長安版本，即是唐代皇帝奢侈豪華的宮廷園林氣派做藍本，在聯想宇宙空間之際，加入了人世間的現實生活氣息；讓信眾有共鳴，激發對佛的虔誠。

莫高窟第112窟和榆林第25窟，各有各的風采和吸引力，事實卻是殊途同歸，兩者描繪的西方極樂世界都是鳥語花香，四季如春。佛陀在說法，聞者聽到真理，享受無限快樂！

8 逝去的音符

這是個無聲的音樂世界。

每次參觀敦煌洞窟，看見有音樂圖
像的壁畫，總是覺得若有所失。
見畫不見音，這是不完整的，所有
「凡音者，生於人心者也。」音樂是
情感的語言，沒有音符、節奏和曲
調，即是失去了扣人心弦的力量。

《長沙女引》古譜

奇怪的是在千年薪火相傳中，竟然沒有一套完整的敦煌樂譜可以流傳，使後人失去視聽兼備的機會，欣賞當時敦煌樂舞的真實形態。

也許是潛意識作祟，對着敦煌壁畫，我曾發願要將畫中的仙樂帶回人間。

回頭看看，這可能是上天派給我的任務。

說實話，一個完全不諳音樂的人如我，常懷疑自己是否在痴人說夢。我能夠創辦香港天籟敦煌樂團，過程曲折離奇，緣份使我遇上這班香港演藝學院的年輕音樂師和作曲家，他們願意和我通力合作，化腐朽為神奇，實現我的夢想。雖然樂團原創的敦煌音樂，仍然是在摸索階段，但本着「傳承、保護和創新」的宗旨，我們需要勇於嘗試，目標是要年輕化和現代化。

敦煌石窟的音樂壁畫是個無聲的世界，有形有實。唯一令人遺憾的是，在中國早期音樂史中，古代只有文字記載，沒有音樂圖像的資料或錄音版本留傳下來，所以聽得到的敦煌音樂已經完全失傳。雖然在二十世紀初期，敦煌藏經洞「敦煌遺書」內就發現了大量古文獻和二十五個唐代古曲譜，但既沒有完整存音，曲譜也沒有人讀懂，需要後世大量考證和深入解讀。

還好敦煌壁畫留下了不少古代樂器的原貌和精髓，畫工描繪精心細緻，傳真傳神；留下了琵琶、笙、笛、方響、塤、阮、箜篌、古箏、篳篥、鼓等唐代十部樂所流行的樂器，對後世研究中國音樂史提供了無可比擬的價值。

其實過去有不少有心人，不斷在研究和破譯敦煌壁畫的樂譜和音符[1]可以說是百家爭鳴，卻沒有人敢說誰錯誰對。

國學大師饒宗頤教授學冠儒道佛和敦煌學，破譯「敦煌遺書」古譜，寫了《敦煌琵琶譜》一書，現時潮州饒宗頤博物館藏有他的手稿。

國內外致力研究敦煌樂譜的計有法國漢學家伯希和，日本方面有古譜家林謙三，中國內地亦有不少著名學者如陳應時、席臻貫、高德祥、趙季平、任二北、朱曉峰、馬德和吳其琘等，都是研究這方面的權威，也有將敦煌古樂搬上舞台，如《絲路花雨》和《敦煌古樂》。研究樂器方面則有鄭汝中、莊壯、應有勤、趙曉生和譚盾。譚盾近年創作了大型交響樂《慈悲頌》，仿製敦煌古樂器，演出面向全世界，為敦煌文化、藝術和音樂帶來不凡的國際回響。

為了捧譚盾演出，作者在香港、上海和敦煌一共聽了三場《慈悲頌》。

由於我過去來往敦煌比較多，對敦煌壁畫的音樂和樂器產生濃厚興趣，翻閱了很多書籍，留意到敦煌研究院研究員鄭汝中老師在這方面有很多著作和心得。只是緣慳一面，沒有機會好好跟他學習。

鄭老師出生在北京，長大在延安，教學在安徽，1986 年到敦煌研究院後，成立音樂工作室，從事古代音樂、曲譜和樂曲考古研究。他以超人的精力研究及製作紀錄片《敦煌伎樂天》和唐朝古樂器，他對敦煌音樂鍥而不捨，金石可鏤，絕對發揮出莫高人的問學精神，實在令人深深感動。他在這方面有不少著作，包括：《敦煌壁畫樂舞研究》、《敦煌石窟全集音樂畫卷》、解讀敦煌系列《佛國的天籟之音》和《天上人間舞蹁躚》等。

敦煌壁畫的音樂圖像表現手法和參考，應該是從宮廷和民間取材。

據鄭汝中老師的統計，在敦煌石窟羣當中繪有與音樂相關的壁畫洞窟有 240 個，繪有樂隊演出的經變圖有 400 幅，其中繪有樂器分類有 44 種，一共 4500 件，這還未包括不鼓自鳴樂器 1016 件，飛天樂伎 3346 身。壁畫上亦有大大小小 500 多組的樂團，由 2 人、4 人、8 人，甚至 16 人，兩邊對稱的坐着演奏，就如今日的小型室內樂團，規模最大兩邊加起來 32 人就彷如現代歐美交響樂團的雛形。

鄭汝中老師在敦煌研究院工作了 37 年，他認為中國音樂歷史悠久，遺存豐厚，但實物資料相對缺乏，即使有古代文獻，只能夠作為史料滙編，缺乏有系統的科學研究和整理。他醉心敦煌音樂史料研究，透過敦煌石窟的壁畫，經過艱苦鑽研，他是

以考古為坐標，以圖象學的觀點來確立敦煌壁畫的音樂圖像，用調查、分類、比較、分析方法，來詮釋其中的史學價值和文化內涵。

鄭汝中老師決心要將敦煌音樂「起死回生」，他做了很多研究和考證，更夥拍敦煌研究院莊壯先生共同主持仿製敦煌壁畫樂器研究課題，委託北京和上海的樂器廠，耗多年時間，製成仿古樂器 35 種凡 60 餘件，符合民族音樂的要求，通過專家鑒定可用於演奏。為學術界和研究中國古代音樂史和古代樂器發展的後人提供了難能可貴的資料，鄭老師曾委托炎黃樂團演出，可惜他們的雄心壯志早了二十年，後繼無人，未能產生預期的大眾興趣和共鳴！

原因是當時社會對敦煌石窟和唐代古樂認識不深，懂得此類的音樂人又不多，而且敦煌古樂器是靠人手逐個製造，價值不菲，不能大批量生產，很難普及化。更礙於沒有如西方室內樂團或交響樂團的國際交流表演市場，缺乏經費去推廣，敦煌古樂和樂器在當時的條件恐怕很難得到大眾支持。

就以敦煌莫高窟第 220 窟（初唐）經變畫中伎樂天手持小錘敲擊方響為例，文獻記載方響是古磬類打擊樂器，始於南北朝梁代，唐宋時期盛行，流行於宮廷燕樂，民間很少使用，卻是唐代的敦煌經變壁畫中常見的樂隊編制的樂器。

鄭汝中老師做了考證，他依據敦煌壁畫仿製了他的方響，並於 2002 年申請專利，可惜至今「方響」未見普及於大型國樂團或小型民樂演出。[2]

近年香港天籟敦煌樂團也編寫了一首新曲《謝謝你的時間》，作曲者甘聖希特別仿製了唐代敦煌壁畫內的古樂器方響，外型稍為改造，木框古樸幽雅。這是有音律的敲擊樂器，由三十片長短不一、圓上方下、厚薄定音的長方形陶瓷片板組成（古時用鐵或銅片），上下分兩排，每層均有穿孔的發音板塊，編掛於雕花木架上。用小鐵錘敲擊音片，中央發音，高音清脆透澈、中音鏗鏘有致、低音深沉厚潤，為演出增添了新意，與古箏、琵琶、大阮、小阮、鼓、笙和笛譜出和諧優美的音色！

由於方響體積比較大型，存放有一定的難度，巡迴演出時交通運輸也不易，而且認識這個樂器的人不多，要令大眾認識，的確實需要時間去浸淫和推廣。此刻，我才完全明白鄭汝中老師的壯志未酬，他窮一生人的精神和時間去鑽研、仿製、活化、演出和普及敦煌古樂的宏願，好像未達理想。

其間中國內地還有不少人對敦煌古樂研究的全情投入，甚至是至死不渝。上海音樂學院陳應時教授是名副其實的中國音樂史學家、國際知名的「敦煌古譜」學者，

方響是唐代的敦煌經變壁畫中常見的樂隊編制的樂器。
（初唐　莫220　北壁　藥師經變多民族大型樂隊圖局部）

鄭汝中老師根據敦煌壁畫仿製的方響。

鄭汝中老師（1931-2022）[4]

香港天籟敦煌樂團也編寫了一首新曲《謝謝你的時間》，作曲者甘聖希特別
仿製了唐代敦煌壁畫內的古樂器「方響」。（圖右一樂器）

方響由三十片長短不一、
圓上方下，厚薄定音的長
方形陶瓷片板組成；陳
俊燊在台上以此演出。

一生致力《敦煌琵琶譜》的解讀研究，成績斐然。早在 1989 年已成立中國古樂團，演奏集日、英、德、中等解讀的敦煌古譜和唐朝古譜，首創「掣拍說」理論。他還將神秘深奧的敦煌音符化為可以演奏的五線譜，於 2018 年在上海演出《古樂新聲》，將其十三首精選作品搬上舞台。2019 年更將《古樂新聲》和仿古樂器帶到維也納，透過敦煌壁畫和多媒體製作，將唐朝盛世的古樂向世界推廣。翌年他就離開人世。

另一位同樣受人敬重和令人深深感動的人物是席臻貫先生，他是甘肅敦煌音樂藝術劇院的原院長。他足足花了十年時間，潛心去解讀敦煌無聲的音樂世界，終於破譯二十五首敦煌古譜，並得出結論：唐代的詩、歌、舞是在三位一體互相影響的原則下，解決節拍問題，完成對敦煌古譜的重新解釋。他堅持要將自己破譯的零碎樂譜舞譜編成繼《絲路花雨》之後另一個大型舞台劇。他嘔心瀝血與時間競賽，《敦煌古樂》終於在 1993 年完成，然後在敦煌、香港和澳門三地巡迴演出，卻因此積勞成疾，演出一個月後，他完成了夙願就告別人生，終年五十三歲。

以上三位學者專家，對敦煌古譜破譯的執着和成果，奉獻了自己的生命，也充分發揮了最完美的「莫高精神」。

有敦煌專家曾經告訴我，破譯「敦煌遺書」失傳的二十五個古譜，是巨大艱辛的工作，或需要幾代人的努力。

不過我相信皇天不負有心人，近年來國家領導人習近平主席特別重視保護中國的世界文化遺產，社會出現了一股敦煌熱，大家熱衷研究敦煌文化藝術和音樂。亦有人將創新科技應用於敦煌壁畫，務求達致視聽藝術兼備的立體感受。飛天更是炙手可熱，各地民間亦自發舉辦跨媒體的飛天舞蹈、敦煌壁畫雕塑展覽和音樂會，看來敦煌古樂和樂器能在民樂佔一席位，指日可待。

有人肯鑽研就有希望，只要人心不死，終有一天可以譜出敦煌逝去的音符。[3]

上海音樂學院陳應時教授　　　　　　　　　　　　敦煌音樂藝術劇院院長席臻貫（1941-1994）

注釋：

1　中國古代音樂只有五個音符：宮、商、角、徵及羽。後加入二變，形成七音階，即宮 Do、商 Re、角 Mi、變徵 Fa、徵 Sol、羽 La、變宮 Ti；和西樂比較相近。

2　專利號 02204839，實用新型涉及一種新型打擊樂器，特別是涉及一種方響。其由矩形發音板塊和發音板塊支架及用於擊打發音板塊的鎚子構成，所述的發音板塊按十二平均律製成，並與支架活動連接。具有結構簡單、方便演奏和音律齊全的優點，更適合現代的演奏技法和曲目。

3　大家如有興趣了解敦煌音樂和樂器，此處特別推介兩個電視視頻給大家欣賞：

　　1.《敦煌伎樂天》2019，一至八集，CCTV 中央電視台

　　2.《敦煌樂器》2020，上、下集，記錄中國 Documentary

4　悼文〈懷念鄭汝中先生〉，作者趙聲良，敦煌研究院書記，2022 年

遇見成就菩薩

9 世界上沒有
無緣無故的偶遇

2011 年我首次踏足敦煌，即深
受樊錦詩院長對保護敦煌這個中
國人最寶貴的世界文化遺產的
堅持和成就所感動，她有超人的
意志和使敦煌石窟走向國際的遠
見。這些年她全情投入保護敦煌
壁畫，發動數字化敦煌石窟壁畫
的計劃，以便為後世永久性保存
檔案。

我二話不說就以行動支持贊助了
兩個洞窟，感謝李美賢老師為我
精心挑選了莫高窟第 3 窟「千眼
千手觀音」和榆林第 25 窟「極樂
世界」，兩者都是敦煌石窟羣的
鎮山之寶，亦不輕易開放給遊人
觀賞的。

由於地理優勢和歷史背景太相似，我一直覺得敦煌作為盛唐的國際大都會和中西文化的交流中心，簡直是香港的前世今生。然而璀璨光輝不會永恆，我希望以史為鑒，故我十年去了敦煌十四次，組織香港的大學生、教師、社會領袖等去敦煌考察學習。敦煌是歷史、文化、品格甚至國民教育的重要基地，我還設立獎學金給敦煌研究院的年青學者到香港大學進修，以便加強國際交流的實力，2014 年更和李美賢老師一同編著了《立體看敦煌》一書。

2017 年 4 月，我陪同垂誼樂社幾位香港年輕音樂家到芬蘭首都赫爾辛基和著名大提琴家李垂誼會合，並與當地交響樂團交流和表演。其中一場是中樂演出，香港演藝學院音樂系院長坐在我旁邊，悄悄的跟我說，希望我幫幫中樂系畢業生，因為他們出路太窄，大部分只能做個教中樂的老師。

我是個音樂愛好者，但對享受音樂以外的一切一竅不通。不過我不時察覺到身邊的中樂翻來覆去都是耳熟能詳的幾首樂曲，似乎欠缺創意和創新。加上香港家長都偏愛西樂，故此我一直覺得中樂應該年輕化、現代化和普及化，並且要培養青少年對中樂的興趣。

然後在旅途的最後一天，大部分演出者都各自有任務飛走了，只留下一男三女共四位香港演藝學院的中樂同學。垂誼樂社主席蔡關穎琴和會長李垂音（我是該會副主席）提議帶大家去對岸國家愛沙尼亞（Estonia）作一日遊，來去匆匆，回程時我們去錯碼頭，要在碼頭多等一個小時。

在此之前，我和四位演藝學院的學生素未謀面，無聊中大家閒話家常，我問他們：「你們去過敦煌嗎？」他們搖搖頭，我再問：「如果我幫你們組織個中樂團，用音樂去弘揚敦煌石窟壁畫的文化和藝術，你們有興趣嗎？」

大家瞪大眼望着我，告訴我他們從未踏足過敦煌。我再說：「如果你們有興趣，回香港做個建議書給我。不過預先聲明，我是個很認真的人，假如你們不認真就不用找我，免得大家浪費時間。」我當時應該是信口開河，回頭就忘記得一乾二淨。

誰知道兩個星期後，其中兩位同學茹健朗和陳韻妍聯同學校著名的笛子老師楊偉傑教授到我辦公室，給我一份組團建議書，告訴我他們已經成功組織班底，找到其餘六位中樂樂師和兩位作曲家，以及負責行政的陳天慧。

我當然又驚又喜，喜的是終於見到如此積極上進的年輕人。驚的是我其實是毫無準備的，這一切，完全是個「意外」！此刻，無端來了一班可以實現我夢想的年輕人，我對自己說：妳絕對不能食言。

正在發愁如何是好的時候，同年 6 月我剛好出席了國學大師饒宗頤教授在香港文化博物館的書畫展覽開幕典禮。準備離開時，時任康文署副署長吳志華博士跑過來問我，可否晚上代他接待敦煌研究院趙聲良副院長，我當然義不容辭。在路上我趁機問問趙院長，我想組織一個中樂實驗樂團，以推廣教育和弘揚敦煌文化和藝術，不知道敦煌有沒有古譜和樂器。

誰知道趙院長說，敦煌研究院過去有很多專家做了大量研究，初步完成考證和解說，也破譯了藏經洞發現的二十五個古曲譜，並且依照壁畫內的樂器，仿製了一大批樂器，如琵琶、笙、鼓、阮、箜篌、塤等，可惜專家學者們老的老、病的病，甚至離世了，現在進一步的研究工作幾乎停頓下來。

我登時好像看到曙光！

然後 7 月我剛好要帶同香港青年廣場二十位大學生去敦煌研究院做暑期實習，其間拜會了當時在位的王旭東院長，徵求他的意見，更即時得到他的首肯和加持。不過他語重深長地叮囑我：「日本人喜多郎的絲路音樂風靡全球，我希望你們能譜出一首由中國人創作和演奏的敦煌音樂！」我心中不禁納悶，先生言重了！不能期望太高啊！

左起作者、樊錦詩院長、王旭東院長攝於敦煌研究院。

情迷敦煌
世界上沒有無緣無故的偶遇

2017 年 10 月，樂團第一次訪問敦煌研究院，由趙聲良副院長（左六）和范泉老師（右八）親自接待。

隨後又見了負責展覽的婁婕部長和觀賞了十多件仿古樂器，信心大增，臨行時亦請示了樊錦詩院長，她也寄予厚望。於是回港後我隨即和樂團成員積極探討組團事宜。

在成立之前，我必須要諸位樂師增加對敦煌的認識和文化內涵。於是我們一行十二人在初冬飛敦煌，由到埗開始，一直由范泉老師接待。之後一星期，我們很幸運參觀了無數珍貴的莫高窟和榆林洞窟，由於研究院要嚴格保護洞窟內的壁畫，其中有很多是完全不對外開放的。

第一天我們參觀了莫高窟第 112 窟，即是最出名的「反彈琵琶」。洞窟很細小，每次最多四至五人入內，這幅音樂圖像壁畫只有十八吋乘十八吋左右。大家在黑暗的洞窟內，觀摩了這幅繪有中唐音樂圖像的壁畫，深受感動，說不出話來。晚飯時幾位女樂師，忽然愴然淚下，原來她們看到千年前的樂隊和樂器，尤其是琵琶和阮，大有感觸，此刻大家決心滿滿，想是受了感召。

遠古的敦煌，見證了過去如夢似幻的繁榮絢爛。

壁畫的音樂，記存在今日古譜入音的不染塵世。

一場偶遇，成就了香港天籟敦煌樂團的誕生。

因緣際會，俗世發願要將敦煌仙樂帶回人間。

如何創辦一個樂團？我滿腦子是問號。我希望香港天籟敦煌樂團是一個富有文化底蘊的樂團，我們的使命是革新傳統，透過音樂去弘揚敦煌的藝術和文化。

感恩遇見成就菩薩。

敦煌是佛教藝術聖地，每個洞窟都有無數的佛、菩薩和飛天伎樂的壁畫和塑像。在組織香港天籟敦煌樂團的過程中，上天一直在眷顧我們，每有難題，成就菩薩就會出現在眼前。

我成長於香港百物待興的年代，我這一代人連上大學都欠資源，需要半工讀，學音樂簡直是奢侈品。我自己都不敢相信今天竟要組織樂團，簡直是天方夜譚。

然而謀事在人，成事在天。在籌組過程中，吳志華博士和趙聲良博士在「適當」的時候就會出現，扶我們一把，成為我們現實裏的「成就菩薩」。

（左起）饒宗頤文化館董事黃景強博士、時任康文署李美嫦署長、作者、時任故宮博物院單霽翔院長、前香港中聯辦陳冬副主任、前民政事務局劉江華局長、時任敦煌研究院趙聲良副院長、饒宗頤文化館管理委員會主席李焯芬教授（攝於 2018 年 5 月 25 日）

情迷敦煌
世界上沒有無緣無故的偶遇

香港天籟敦煌樂團於 2018 年 5 月 25 日在饒宗頤文化博物館成立，吳志華博士又幫我們請來一位份量很高的客人——北京故宮博物院單霽翔院長，光臨為我們開幕典禮做主禮嘉賓。單院長間接為我們種下善因，他說敦煌是中國最寶貴和最重要的文化遺產，源於公元 366 年至 1400 年。接下來的是有六百年歷史的紫禁城故宮，時間上簡直是無縫銜接，一脈相承。

同年 9 月，我們應民政事務局之邀請出席第三屆敦煌絲綢之路國際博覽會，有幸在敦煌莫高窟九層樓前為窟內大佛和七百位敦煌研究院員工演出。我們是第一個，

2018 年 9 月 15 日樂團在敦煌莫高窟九層樓前演出。

2018 年 9 月 17 日樂團在敦煌大劇院演出。

謝幕時出席音樂會的中外代表也一同到台上大合照。

及至今唯一一個香港樂團在此表演。兩天後樂團就在敦煌大劇院為千名中外觀眾演出，大受好評！奇怪的是，樂團當時只有「四個月大」，真的不知哪裏來的勇氣！

我還為此特別帶了兩位作曲者甘聖希和朱啟揚，專誠向敦煌樂舞專家學者高德祥老師虛心請教。誰知高老師反過來對兩位年青人說：「敦煌如香港一樣，是個中西滙聚的城市。敦煌的音樂，沒有人聽過，你們放膽去創作就可以！」這是多麼開明，多麼不可多得的鼓勵！高老師為了我們打了一枝強心針，也奠定了我們未來的方向。

世事的確是玄又玄。也許這是緣份，2019 年王旭東院長由敦煌研究院院長榮升做故宮博物院的院長，也將我們的使命，由敦煌到故宮，提升至涵蓋中華文化二千年。2019 年在我們一周年的紀念音樂會中，因緣際會，剛好故宮博物院王旭東院長和敦煌研究院趙聲良院長一同來到香港出席，令我們小小樂團備受關注。

我信緣，也信人生有使命。

我一直希望在香港推行中華文化教育，前半生我是做廣告創意，過程中我不斷探索為何西方人在創新和創意方面，好像比東方人強？其中我得出的結論是，外國人教育子女，喜歡鼓勵孩子天馬行空有好奇心，而中國人的家長最怕孩子成為出頭鳥，

情迷敦煌
世界上沒有無緣無故的偶遇

2019 年，王旭東院長和趙聲良院長到香港出席樂團一周年的紀念音樂會。

一周年音樂會團員與嘉賓合影。（後排左三）故宮博物院王旭東院長、（左四）敦煌研究院趙聲良院長、（右五）中聯辦盧新寧副主任、（右四）劉江華前民政局局長、（右三）敦煌研究院程亮主任、（右二）康文署前署長李美嫦女士

往往不喜歡孩子問「為甚麼」。卻不知道這樣會直接影響甚至扼殺個人的好奇心和想像力，而培養想像力的養份就是文化底蘊。

上天好像要我為推廣敦煌文化出一分力。

遇見天籟敦煌樂團的年青人，他們對音樂有天份、有熱誠、有抱負，敦煌感召了他們，涵浸其中，正好讓我們做一個有文化底蘊的樂團，透過原創音樂會和教育專場去推廣中華文化。

樂團自身也有不少突破，由於我對音樂的無知，反而成全了一些無理的要求。我就是認為表演時音樂架礙眼，希望樂師不要參看樂譜，才能用心去演奏，誰知這個「不太人道」背譜的舉措，竟成為我們樂團的特色。

五年來樂團有很多原創作品和演出的機會，兩位作曲者甘聖希和朱啟揚，敢於創新，編寫了不少優美的樂章，也嘗試以導賞方式做音樂會，讓觀眾看着敦煌壁畫，更容易感悟箇中內容。樂師們的造詣也提升了不少，作為文化推手，敦煌將他們牢牢地團結起來。

也許上天再次被我們的誠意感動。

2022 年，緣份又將樂團和敦煌研究院、北京故宮博物院和香港故宮文化博物館連繫起來。透過敦煌到紫禁城這兩個中國最重要的世界文化遺產，讓我們可以聚焦中華文化二千年（公元 366 年至今），繼續以「傳承、保護和創新」為使命，用音樂去弘揚敦煌文化。

情迷敦煌
世界上沒有無緣無故的偶遇

樂團辦了不少教育專場，圖為觀塘「18 有藝」專場及香港文化博物館專場，反應熱烈。

第二章

音樂情緣

1 中樂？西樂？
敦煌音樂？

朱啟揚

經常有人會向我問道：「你從小到大都是學習西樂，為甚麼現在卻創作中樂？」

我認為這個問題非常複雜，複雜的並不是答案，而是這條問題當中所蘊含的各種概念。甚麼是中樂？西樂又是甚麼？在學習作曲的過程當中，中樂及西樂會不會有分別？假如我們用一支小提琴拉奏民間小調，又比如說拉奏大家耳熟能詳的《梁山伯與祝英台》小提琴協奏曲，以上兩個例子究竟是中國音樂還是西方音樂？實在難以給出一個籠統的定義，更難以為這條問題冠以一個絕對清晰及明瞭的答案。

有幾件事我希望先在此說明白。首先，我並不認為，亦不想定義自己究竟寫的是中樂還是西樂，的確，我的作品有運用到中國樂器和西方樂器，但我們卻不能夠單從樂器作出片面的定義。我所希望的是，聽眾能夠辨認出作品當中的特色及屬於我的音樂語言，僅僅如此。

另外，在學習作曲的求學過程當中，其實並沒有中樂作曲及西樂作曲專業的分類。作曲便是作曲，創作便是創作，我們需要對創作時使用的樂器有一定程度的認識，亦因此我們需要學習中國樂器與西方樂器及其配器法，但是，卻不會斬釘截鐵地限制某某樂器的寫作必須要遵從這樣那樣的規條，並沒有人會訂立並按着其西樂或中樂的「特色清單」進行公式化的創作。

最後，我認為在今日的學習環境之下，實在難以將所有事情的界線清楚劃分。例如，現代音樂學院的概念是西方「第二維也納樂派」所創立，今天我的母校——香港演藝學院及中央音樂學院，也亦應運而生。然而在我就讀的音樂學院當中，存在着大部分的外國音樂學院沒有的中國音樂系，在這麼一個屋簷之下，同學之間便會自然地交流，去好奇、去認識各種音樂的傳統、歷史、經典作品……試幻想一下，

在從前交通並沒有那麼發達，沒有智能手機的時代，或許我們身處生活的地方，可以形成一種生活習慣上、文化上的內循環。然而，在今天這個擁有互聯網的年頭，我們能夠輕易地獲取大量來自各地的資訊，地域界限的區別，自然會變得模糊，我認為今日的音樂學院正正是這種情況的一個縮影。

在創作有關敦煌題材音樂的過程之中，我的得着並不是怎樣成功重塑了某某音樂、某某樂譜等；反觀我認為最大的得着是，一切一切跟敦煌有關的事物，都給予我更多創作上的養分，開闊了我的眼界，令我的作品更有底氣，更言之有物，亦更有根據。在這樣的條件及創作環境之下，作曲成為了一種讓我去認識自己文化的過程以及工具，而這種認識上增進，亦令到我的創作更豐富。兩者之間，相輔相成，這正正是在我心底裏最慨嘆、最喜歡，認為敦煌對我很有影響的其中一個原因。

回到最開頭的問題，我實在遺憾沒有辦法給予一個清晰的答案，但只要稍微改變一下着眼的地方，關心作品的本體同時，亦應該關心作品背後的故事及創作過程，縱使不能知道這是中樂還是西樂，但在尋找答案的過程之中，也能夠獲益良多，大開眼界！

朱啟揚（左一）享受創作音樂的過程。

2 一切都因為守護 敦煌的精神

朱啟揚

我對敦煌的刻板印象，是由小時候玩武俠大型多人在線角色扮演遊戲（**MMORPG**）開始的：沙漠、駱駝、沙塵暴、綠洲（後來才發現那半月綠洲名為月牙泉）……除此之外，基本上對敦煌可說得上是零認識。直到演藝學院的學習生涯，終於有了認識敦煌、認識莫高窟的第一次機會，接下來又前前後後去了幾次敦煌，終於在我腦海中的那幅「敦煌地圖」變得越趨豐富。

莫高窟的起源歷史、不同朝代洞窟的特色、洞窟的內部結構、壁畫的佈局……種種知識都令我大開眼界。我對敦煌、對莫高窟的感動並不建基於歷史文物映入眼簾的一刹。我深知我是幸運的，幸運的是我能夠聽到投入研究敦煌的前輩老師的分享，能夠與他們交流，聊天並學習，這些機會絕對是難能可貴，一般旅客不可能體驗到的。正因如此，令我感受最深的，由理應是歷史文物而變成了一個個懷着保護並推廣敦煌精神的人。

最初到敦煌采風（採集民情風俗），有一次在遊走斷壁，到處在洞口窺探洞內的時候，一不小心被洞窟裏頭一支射燈所發出來的光芒吸引了。進去以後頓時察覺這跟其他的洞窟都不同，原因是壁畫前再沒有了那塊巨型玻璃屏障，再走前一步的時候，留意到地下有一個很有年代感、很陳舊的木箱，旁邊有一位老人坐在矮小的木板櫈上，手中持着畫筆。頓時驚覺這是一個正在修復中的洞窟，那位老人其實是在臨摹北壁的一幅經變畫，厚顏無恥的我忍不住嘗試打擾那位正在工作的老師，向他提問我內心種種按捺不住的好奇。

他並沒有立刻把我趕出洞外，而是細心地向我解釋及分享他正在做的事情。由畫具木箱以至他在臨摹甚麼壁畫都一一道出，那種毫不吝嗇的分享實在令我着迷，聊着聊着我也不好意思再打擾他，最後問了他一道問題：「這幅一比一比例的臨摹作品，究竟已經花費了老師您多少時間去創作呢？」，他回答說：「斷斷續續應該也有十年

了吧,不過還沒有畫完。」我聽到他的答覆之後,便禮貌地表示了感謝並跟他告別,悄然地離開了洞窟。

另一件事是,樂團完成了在敦煌大劇院的文博會演出後,我們一眾成員被送回研究院,其實當時時候也不早了,在我印象中也應該差不多晚上九時多。正當大家都在納悶的時候,在院裏食堂看到了一整排佈置好的桌子,桌上佈滿了精緻的餐具。在我們還在好奇着究竟會有甚麼好吃的時候,更驚喜的是樊老院長和王院長雙雙步入,原來是他倆及研究院為我們準備了慶功宴。我從來沒有幻想過會有慶功宴的安排,更遑論兩位老師輩的人物的參與,畢竟都差不多到了準備入寢的時間了。

樊老院長沒有表現出絲毫疲憊,而是非常高興愉快地跟我們聊天,為看到年輕人對敦煌文化有興趣而感到雀躍,而王院長則在旁邊點頭微笑。當樊老院長離席以後,王院長突然起興,跟我們分享起他對敦煌的一些看法,說着說着氣氛也很愉快,院長他拿起了小酒杯,跟我們敬起了酒來。令我驚訝的是,他竟然能夠說出我們每位成員的暱稱,逐一跟我們每位敬酒對話了起來,最後慶功宴也在敬酒完畢之後落幕,對我來說實在是一個畢生難忘的晚上。

這些經歷都讓我感受到很厚重的人情味,在前輩面前作為一位「小朋友」而得到的這些重視及尊重並不是必然的,而他們的每一個就是那麼誠懇地對待着我們,或許正正是他們對守護並弘揚敦煌文化的那一份渴望的滿溢,而打破了我們跟老師們之間的隔膜吧。

慶功宴樊老院長與大家
打成一片,場面熱鬧。

3 敦煌與我

甘聖希

緣分是錯綜複雜的，世人看不清亦摸不透，但往往存在這樣的一個瞬間，你彷彿看到了萬物間美妙的連繫。就好像猴子在鋼琴上亂敲，瞬間一刹敲出一個和弦來，你才驚覺世界的聲音是如此動聽。這樣的「和弦」在我和敦煌這些年的交往中，曾敲響過三次。

第一次，2018 年 9 月，我們樂團一行人到了敦煌莫高窟九層樓前演出。下午綵排時，時任敦煌研究院院長王旭東來到台前跟各位打招呼，他上前望着大佛跟我說：「試想想大佛的功德有多大，大得令今天的敦煌人仍然正在享用他的福德。」一千多年前，一個建佛的願，付出了無數的金錢、時間，甚至生命，留下來的因緣依然影響着世世代代的人。人的生命也許很短暫，但種下的因可以誕下惠及千代的果。一千多年的人和事，就被那一刹的念頭串成了一線，於大佛前聚合成因緣，成為故事，成為歷史。

第二次，是在藏經洞洞口。19 世紀後半葉，人們因為厭惡工業化的污染產生了某種避世心態。同時中產冒起，世界亦真正打通了，「向東走」獲得需求。還有相機的應用令真實變得便宜，美學需要向外延伸，還恰巧召開了人類歷史上第一次的世界宗教會議。就這樣，世界終於打開了東方的神秘大門，進入了精彩的時代。然而，又是一個偶然，1900 年 6 月，敦煌道士王圓籙在清理積沙時意外發現藏經洞，洞內藏有大量敦煌遺書與文物。而往後的就是歷史。

人類千年文明的第一次工業革命，隱匿了八百年的藏經洞，一場突如其來的風沙，無數的巧合，有人因而背負了千代的惡名，但是文明終究得以保存、延續，那是福還是禍？我想起了標月之指（引導你眼睛望向月亮的手指）。世間的愛恨情仇，在月亮看來都只是無名作祟。對與錯只是時空下的錯覺，藏經洞開洞百年，回頭看來一切的偶然都是冥冥中。2019 年 5 月我再到洞前，看到洞旁被當年積沙侵蝕的痕跡，我大哭了一場。

第三次，敦煌、香港，兩個相隔千里，相距千年的地方，因其獨特的地緣條件，成為了兩個平行的時空。但在金錢、權力和論述的外殼下，其實都是人活生生的互動與交流。就像九層樓大佛下穿梭的人們，是他們的流動成就了敦煌的奇蹟。在香港，我們的九層樓就是那朵在金紫荊廣場屹立的「永遠盛開的紫荊花」。敦煌給我的第三個「和弦」就是這朵屬於沙漠的花朵，這座雕塑是敦煌研究院第一代院長常書鴻女兒常沙娜的作品。

文化不是符號，文化交流亦不是符號與符號的結合。想法能夠穿梭時間，穿梭空間，靠的是有限的生命。是人作為載體，帶着想法和故事，到處穿梭，經歷時間，經歷空間；接受碰撞，接受融合，才能成就文化。而同時，文化亦是我們存在過的痕跡。文化就是生命的如來如去，感謝敦煌給我的三個瞬間。

樂團成員有幸於 2024 年 4 月 23 日北京音樂會演出前與 93 歲常沙娜先生合照。

金紫荊廣場屹立的「永遠盛開的紫荊花」是敦煌研究院第一代院長常書鴻女兒常沙娜的作品。

4 莫高精神

甘聖希

莊子認為天地萬物的聲音不外乎三類,「天籟、地籟、人籟」。

地籟是風吹洞穴之聲音;人籟是人吹帶洞的竹子之聲音,那麼天籟?莊子說不清楚。甚麼才是來自天的聲音?不是大自然、亦不是人,天地間還有甚麼?這便是我在大學二年級的「莊子課」上聽到的。霎眼間距離這「向天一問」已過了快十年,這十年間去了敦煌、組織了樂團、創作了許多作品,但甚麼是「天籟」,依然不知道。更甚者,甚麼是「籟」,都搞不清楚了。

在畢業初期,我不停地創作作品,甚麼主題都有:有關於敦煌的;有關於香港的;亦有關於自己的。但總覺得缺乏了一些東西、一種內在的元素、一些支撐着創作,之為藝術內核的要義。簡單來說,就是一句「為甚麼」。

為甚麼要創作音樂;為甚麼需要音樂;為甚麼是音樂?就在這個成長中的小節點上,我重新回到敦煌當中,回到那個曾有僧人禪坐的穴室;那個讓畫師渡過無數年月的洞壁;和那個讓學人窮一世精力研究的斷崖。僧人、畫師、學人,他們為甚麼要到敦煌;敦煌又為他們帶來了甚麼緣份?我想起了一個人物:席臻貫。

席臻貫,上海市人、音樂學者、笛子專家。世人對他的認識還有他破譯了敦煌古譜。古譜出土八十餘年,無數學者專家嘗試破譯,總遇到不能跨越的鴻溝。唯有他,能夠攻克所有難關節點,為世人重現千年古曲。

這是多麼了不起的成就,理應在學術界「封士授爵」的。可是,圖書館卻沒有他的傳記;在無數敦煌書籍中,關於他的事蹟亦只有寥寥數頁。是他不夠偉大嗎?不是。是他的生命太過短暫嗎?都不是。而是,席臻貫的成就是建立在默默的耕耘,沉悶的重複上。沒有華麗的舞台,亦沒有戲劇化的一生,只有努力、專注、堅持,再專注。

他用盡中國詩詞歌賦中的所有角度去理解古譜,把千年的音樂文獻爛熟於心。他沒有甚麼秘招,就是透過「抄書」,每天在同樣的圖書館中;在同樣的桌上抄寫,日復

日，年復年，將以百萬計的古籍文字刻在心中。是那樣的平凡、刻板。但就是這個能用數百字就能概括的傳記、數卷菲林就能呈現的記錄片、如此淡薄素調的一生，「天書」就唯他打開了。

在敦煌，人們稱它為「莫高精神」，但我更想起了在香港大學念佛時衍空法師說過的「止觀」。所謂止觀，就是止寂禪定。透過專注一境，止息雜念。從「觀察」中得「止」，從「止」中得更微細的「觀察」，雙互循環，從而將「境」與「心」合一，將「物我」的分別心打散，消退我執。

說起來好像很玄幻，但這豈不就是席臻貫的一生？還有更多曾經在敦煌斷壁上出現過的生命。打開天書、鑿開洞窟、雕製佛像、繪畫極樂世界，重要嗎？重要，但這些生命在乎其傳記的長短嗎？在乎名字有否被刻在石窟嗎？敦煌的緣起就是供僧人禪坐的洞室，就是修練去除我執的空間。

千年來，於莫高窟前有畫師、有學者、有供佛人、有守佛人、有席臻貫、有常書鴻、還有無數的香港人、來自世界各地的人，和現在把壁畫變成音樂的我們。敦煌給予世界的因緣，從來不單是藝術和文化上的傳承，而是精神道路上的帶引。從「古譜」、「音樂」、「壁畫」、「塑像」中出發，一步一步引領除執，過上逍遙同時富有意義的一世。他們是方法，不是目的。

最後，回到我的小節點上。為甚麼要創作音樂？為甚麼需要音樂？為甚麼是音樂？答案是因為音樂就是我的「古譜」；音樂就是敦煌把我生命送到大路上的緣份；音樂就是我的「修練場」。到現在，我仍不知道甚麼是「天籟」，但我正盤坐在敦煌石窟的音樂中，慢慢學習感悟何謂物我一體，何謂天的聲音。

掃碼細聽

《莫高精神》
Bilibili

《莫高精神》
YouTube

筆者於 2023 年創作了一曲《莫高精神》，為笛子與簫二重奏，特意獻給對古譜破譯有莫大貢獻的席臻貫教授。此曲於 2023 年首演，演奏者為楊偉傑教授（左）與駐團樂師郭枸曦。

5 古韻薪傳

朱啟揚

去年，香港天籟敦煌樂團第三度舉辦「古韻薪傳」：新作品徵集計劃。我們希望能夠透過徵集並公開演出新作品達致推廣民樂合奏新創作的作用。其實在本地音樂圈子當中也不乏新作品委約及此等活動，那究竟我們樂團又為甚麼要執意恆常舉辦徵集計劃呢？

除了希望能夠作為一個本地平台，把更多作曲家，特別是本地作曲家的作品推廣給大眾之外，更需要的是希望能夠將中國古典音樂文化帶入年輕一輩作曲家的視野當中。亦因如此，有了「古韻薪傳」這樣的一個主題。

究竟甚麼是古韻？在過去五年為樂團創作作品的時間當中，我不禁經常問道：「到底甚麼是音樂？」。當每次提到「音樂」，相信大部份人都會非常直接的地聯想到我們耳朵所聽見的聲音。作為一個主修音樂的學生，在我的腦海當中很快就會浮出「樂理、音樂歷史」等的專業名詞。記得在學校學習作曲的過程當中，經常會提到作曲或者創作就是一個做出抉擇的過程。在通過充分的考慮限制及變量之後，作出一個自己認為邏輯最嚴密最適合當下情況的選擇。但事實上，我不禁自問自己又是否真的那麼了解及認識所聽見的聲音背後的設計及多不勝數的「變量」呢？

聲音或者音樂的存在，其實與我們活在當下的物觀世界密不可分，而這種看似跟「文本」沒有很強烈直接關係的知識，卻往往在深層影響著我們的音樂文化。

音樂聲學絕對是跟音樂最密切的一環，它解釋了樂器發出聲音的原理及一系列相關的研究。眾所周知，聲音是透過震動所產生的，但事實上不同震動原理所震動的模式從而發出的聲音卻有很多不一樣的地方。就以琵琶為例，樂師透過用手彈撥弦線，然後琴身會跟弦線共震從而擴大弦線震動所產生的聲音，而最後琴身的設計主

導了琵琶傳遞聲音的方法及方向等。聽起來整個原理貌似非常簡單，但事實上當中編寫着各式各樣的考量。譬如弦線的物料、長度、粗度，會影響震盪的音色及音域，然後琴身面板上有不同的品，為不同音高定立了基礎，然而弦線的震盪本身存在着一些特別容易震動的頻率，在冥冥中影響着品的設計。

接下來的是琴體的設計，所選用木材的密度、厚度、紋理，琴身的空間等會影響着自身跟弦線的震盪，好的設計能夠讓兩者互相配合，將震盪的音量擴大，然而壞的設計卻會抵銷甚至阻止弦線的震動，令樂器的發聲效果變得不理想。單鍵樂器的設計已經如此複雜，試想像當我們合奏音樂的時候，一件件的樂器同時震動然後互相的影響，最後形成了我們所聽見的一種聲音，當中的變化何其之大，涉及着設計當中成千上萬的設計參數，這些參數就猶如建築的地基結構一樣，為音樂定下了不可或缺的地基。在我的理解當中，配器法正是建基於之上的經驗公式。

接下來不能不提及的就是建築聲樂，相對於音樂聲樂，建築聲樂就顯得更加低調，它潛藏於我們身處的任何一個空間，正正因為如此的法則，很多人便在沒有意識的情況之下把它忽視了。直至碰上空間對聲音的反饋不理想的情況之下，才記起空間的設計實質上跟聲音有着極為密切且互相影響的關係。為甚麼音樂廳會稱之為音樂廳戶外演奏音樂的地方？又可以稱之為音樂廳嗎？為甚麼在戶外演奏聲樂樂器的時候，需要應用大量電聲樂的儀器，例如音箱及麥克風等，來輔助整個音樂會呢？

我相信大部份人其實對空間的聲樂現象也並非那樣的陌生，事實上，我們每天都正在經歷着這些聲樂現象，他們就潛在我們的日常生活當中；例如當我們進入到樓底較高，譬如教堂、音樂廳等空間的時候，應該不能察覺到他們在聲音上都有着一種「空間很大」的感覺。那麼究竟在聲音的層面上，我們又是如何感知到空間感的呢？

聲音是透過聲波傳播的，然而，聲波的傳播並非是單一指向的，我們可以理解為一種以球狀擴散的形式，亦正因如此，我們處於任何空間所聽見的聲音都是不一樣的，因為除了聽到聲源的直達聲外，同時間我們也聽到了聲源擴散並經過反射之後的聲音。聲源及空間反射兩者產生了互相影響的作用，聲源之間互相干擾，從而創造出每個空間獨有的聲音特質。除此之外，更重要的是我們有兩隻耳朵，正因為耳朵之間有着一定的距離，因此同一個聲音連到兩隻耳朵的時間及強度也會不一樣，亦因此我們擁有了辨別聲音遠近及方向的能力。回到空間性感知的問題上面，因為

建築空間變大，平面與平面之間的距離亦相繼增加，令第一次反射的音波需要用更長的時間才能夠到達我們的聆聽位置：耳朵；直達我們耳朵的聲音，加上經過反射而延時到達耳朵的聲音，兩者加起來再經過我們的大腦運作，所以我們才能感受出空間的大小。

這正是我們經常會聽到原理——混響。混響其實時刻都在影響着音樂創作，思想像我們身處於混響時間極長的空間當中，音樂的織體及線條互相交疊纏繞，那麼我們聽到的聲音將會是一片混亂的災難。音樂能夠變得越複雜，其實跟空間設計也有着某種意義上的聯繫。

回到我們的主題「古韻薪傳」，究竟甚麼是古韻？它不單只是一些古譜、聲音、樂器，要更深入的理解古韻是甚麼的話，那我們就需要更深入的去認識跟音樂產生相關的各種被動因素及條件。每當我看到敦煌壁畫的時候，我就禁不著幻想極樂世界的建築是怎樣的，樂器到底是如何設計的。在擁有了對這些層面的認知後，我才能夠更完整去建構屬於我對壁畫極樂世界的詮釋。或許，踏上找尋古韻的路途就已經是在薪傳古韻了。

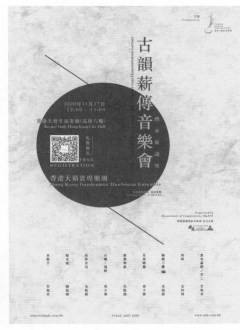

「古韻薪傳」作品徵集計劃歷屆海報

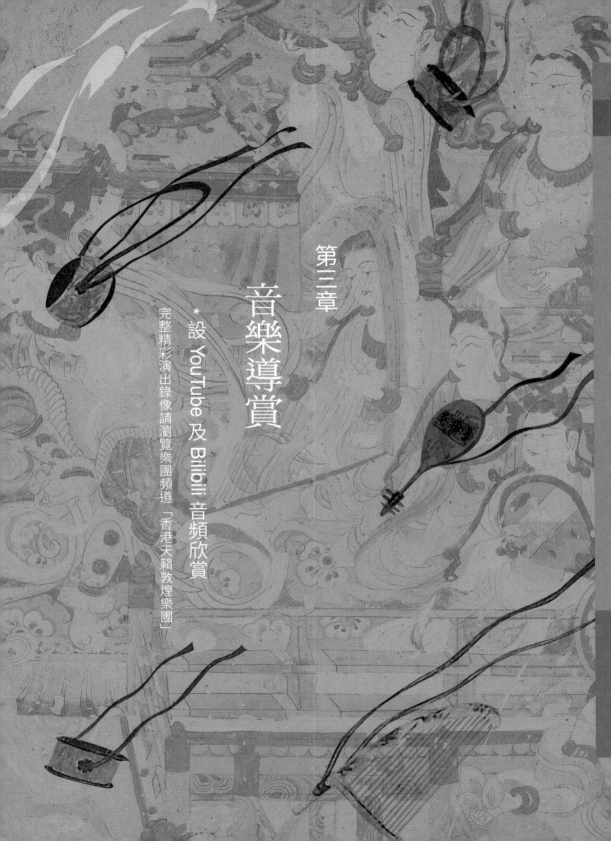

第三章

音樂導賞

＊設 YouTube 及 Biilbili 音頻欣賞

完整精彩演出錄像請瀏覽樂團頻道「香港天籟敦煌樂團」

1《水鼓子》

甘聖希

當大眾談起敦煌壁畫時,第一時間想起的大多數都是經變畫中的極樂世界畫像:宏偉的宮廷建築、飛天、大樂隊、菩薩等等。但其實敦煌亦有很多描述古代人民生活的壁畫,例如熱鬧的市集、耕作的農夫,甚至是在街頭玩耍的小孩。《水鼓子》這首曲就是描述壁畫中生活化的一面,將古代日常的生活面貌透過音樂表達出來。

掃碼細聽

《水鼓子》Bilibili　　　《水鼓子》YouTube

《水鼓子》互相追逐的線條，就好像敦煌壁畫中互相追逐的小孩。（中唐　莫112　西壁　羣童採花）

《水鼓子》原是敦煌二十五首琵琶古譜中的第十七首，旋律純樸而且輕鬆，非常適合描述壁畫中老百姓的日常。原曲只是一條簡單的旋律，音樂性較低，聽起來亦比較單調。所以，我們用了一個比較特別的結構和方式去包裝這條屬於唐代的古老調子，那就是賦格。觀眾如果查看《水鼓子》的英文名字，會發現它叫「Fugue in C Major」，而所謂 Fugue 就是賦格。賦格是一種西方巴洛克時期常見的寫作手法，是一種複音音樂的創作形式，透過許多互相模仿的聲部，在不同的音高，不同的時間點進入，相互交織成一個線條複雜交錯的織體（Texture）。而賦格的詞源是來自於拉丁語，也有着「追逐」的意思，這正好描述賦格音樂中那些一條追着一條的旋律線條，彷彿就是音樂在互相追趕。

而這形式正好用來包裝《水鼓子》這條古旋律。那些互相追逐的線條就好像敦煌壁畫中那些互相追逐的小孩，一個接一個，節奏明快、爽朗。而同時，在賦格曲中，主旋律每次進入都會以不同的調性進行，簡單來說就是在不停的移調。而其實，音樂在不同的調性上，即使旋律相同，感受上也會有着非常大的變化。而在《水鼓子》一曲中，我們更加在每一次移調的地方一併改變了音樂的織體、音域、音色、演奏法等，令每一個旋律追逐時的進入與之前的部分都變得更不一樣，有着更大的對比。簡單來說就是每一次出現《水鼓子》這條旋律時，旋律雖然是一樣，但聽感

卻很不同。可能時而在高音域輕鬆跳舞；時而在低音域沉重漫步。而這種設計正好講述《水鼓子》的主題內容：壁畫中各式各樣的老百姓。前一條旋律可能代表着小孩踢球，下一條旋律就可能描繪在農場上耕田的老婦人，接着便是正在休閑下棋的茶客。

更值得留意的是，《水鼓子》一曲用了兩種非常特別的中國古樂器，一種是箜篌，另一種是竹板。箜篌是一種中國古代的彈撥樂器，在敦煌壁畫中亦經常出現，形態類似西方的豎琴。因為弦線較長，亦不像其他彈撥樂一樣有品位，所以弦的震動幅度會較大，彈奏出來的樂音餘音會更為飽滿，音色會有一種特別的柔和感。而竹板，它是古時說唱藝人用的主要樂器，他們會在大街小巷打一段華麗的竹板段落，吸引途人圍觀，然後便會開始說故事。而在《水鼓子》起始部分，我們就加入了這樣的一段竹板獨奏段落，接着《水鼓子》便會進來，彷彿就是說唱藝人在說故事似的，而我們故事的語言就是音樂。

簡而言之，它是一首描述敦煌壁畫中老百姓生活的音樂，結合了中國的古旋律與西方巴洛克時期的賦格，向大家呈現壁畫中生活化的一面，帶領大家進入輕鬆活潑的音樂世界之中。

2 《一花一世界》、《蓮花頌》

甘聖希

掃碼細聽

《一花一世界》、　　《一花一世界》、
《蓮花頌》Bilibili　　《蓮花頌》YouTube

在佛教教導中，我們經常會聽道：「一花一世界，一葉一如來。」意思以小見大，從微小體現整體。佛教所說的「道」，其實不限於智慧、身體，甚至是一朵小花也能顯現出宇宙的奧秘。無處不有道，世界就在那一枝一葉上，這就是「一花一世界」。而這個佛法的道理，恰巧給了我們一個全新的視點重新欣賞敦煌壁畫，那就是從渺小看出偉大，從花開出世界，《一曲一畫一世界》音樂會的概念就此誕生。我們從敦煌壁畫中抽取了十一個細節，包括花紋、建築、舞蹈、飛天等，然後配上音樂，嘗試用音樂開啟這「一枝一葉」背後的世界，在「點與線」中呈現立體的想像。而《一花一世界》、《蓮花頌》就是《一曲一畫一世界》音樂會的第一及第二首音樂。

《蓮花頌》描繪在蓮池上蓮花盛開的模樣，無數的花瓣重疊形成一個層層遞進的織體，稠密而且顏色鮮艷。

《一花一世界》背後的想像，
就是一棵姿態優美的蔓藤植
物緩慢地向上生長，隨着根
莖發展而慢慢互相交織，最
後開出一朵含蓄的小花。

音樂導賞
《一花一世界》、《蓮花頌》

《一花一世界》、《蓮花頌》是兩首相連的小品作品。在構思內容時，我們希望用花樹作為主題，因為大眾在欣賞敦煌壁畫時往往會將注意力放在飛天、菩薩、佛陀等形象上，對畫中植物的關注會比較少。但其實花樹在佛國世界中體現着諸多信息，例如釋迦牟尼降生於無憂樹下；得道於菩提樹下；涅槃於娑婆樹下，連極樂世界中的化生童子也是在蓮花中出生。不同植物的運用隱含着許多佛法的教導，這跟《一曲一畫一世界》的主題不謀而合，從細節中看出世界。所以我們就用了兩種不同對花的想像和意象寫成了《一花一世界》、《蓮花頌》。

而《一花一世界》背後的想像，就是一棵姿態優美的蔓藤植物緩慢地向上生長，隨着根莖發展而慢慢互相交織，最後開出一朵含蓄的小花。因此《一花一世界》的音樂緩慢而優美，音色柔弱。旋律由單線條開始，其他聲部緩緩陸續進入，相互交纏。值得留意的是旋律與旋律間的關係，它們時而互相模仿，時而互相碰撞，無論是節奏、選音和旋律移動方向上都顯得別具生命力，聽者永遠介乎於一種彷彿能夠掌握，但又有一點隨性的感覺，聽起來就像是植物在有機地慢慢生長似的。同時，旋律線條中亦有很多「小趣味」，例如古箏的推弦、阮咸的滑音、在旋律音頭的裝飾音等等，彷彿在描寫根莖那些粗糙的觸感。

而在「小花」盛開的那一瞬間，音樂的織體和音域瞬間被打開了，緊隨着琵琶在超高音域進行輪指，一切都好像打開了一樣，顏色進來、動態進來，生命力彷彿得到提升。音樂只持續了很短的時間，曇花一現，點到即止，隨即回到了平靜，繼續緩慢地生長，接着音樂便無縫地進入《蓮花頌》。

為甚麼要將兩個對花的意像相連在一起？原因是想突顯兩個完全不同的感覺，製造一個強烈的對比。《一花一世界》緩慢且優美，而《蓮花頌》則剛剛相反，是急速並且華麗。《蓮花頌》描繪在蓮池上蓮花盛開的模樣，無數的花瓣重疊形成一個層層遞進的織體，稠密而且顏色鮮艷。因此，音樂的設計上加入了許多連綿不斷而又快速的旋律音型，古箏的部分就好像海浪般不停上下搖曳，時高時低。而其他彈撥樂則配合彈奏一些短促而具爆發力的樂句。兩者的配合形成一個層層遞進的效果。而音樂中段更有一些瘋狂對位的段落。所謂對位音樂，就是不同的旋律線條互相穿插，大家有各自的個性和動向，但又隱含着某種和諧的和聲關係。而中段的音樂就是一大堆複雜的對位線條不停互相穿梭，就好像置身繽紛的花海似的。而最後古箏的裝飾音與彈撥樂的重複音，所描寫的就是蓮花池所帶給人的那份恬靜與愉悅。

3 《大唐禮贊》

甘聖希

敦煌是一個很神奇的地方，神奇的是每次進入洞窟，都有一種倒錯的感覺。所謂倒錯是指你期待進入的世界與你體驗的世界剛剛相反。試想像你走進一個漆黑、細小、冰冷、寧靜的洞窟中，可是你放眼觀望四周的極樂世界壁畫，會發覺畫中世界剛好與現實完全相反，是明亮、是寬敞、是熱鬧、是溫暖的。這種奇怪的倒錯體驗會給人一種嚮往畫中世界的感覺，甚至，會帶給來者一個無限的想像。究竟極樂世界是怎樣的，究竟天上的不鼓自鳴在演奏甚麼音樂？就是這份想像促成了我們創作《大唐禮贊》。

掃碼細聽

《大唐禮贊》Bilibili　　《大唐禮贊》YouTube

《大唐禮讚》靈感來自於榆林第 25 號窟南壁「觀無量壽經變」中極樂世界的畫像。畫中世界華麗莊嚴,無量壽佛結跏趺坐於正中,頭上罩着寶蓋與幡幢,到處都有飛天在撒花飛舞。七寶池殿前平台伎樂天八字形坐在毯子上演奏,中間舞者則掛着腰鼓騰跳,場面熱鬧非常,而《大唐禮讚》所描繪的就是這等歡慶的畫面。

音樂由一個慢板段落開始,旋律和織體宏大,是對極樂世界宏觀印象的描寫。段落中運用了銅鈸和大鼓,烘托令旋律變得更有活力。接着便是笛子和笙的二重奏,織體變得厚重,只餘下彈撥樂的低音聲部與零散的大鼓,營造出一種佛世界的莊嚴與神聖,而慢板過後便由獨奏琵琶帶領進入快板段落。整個快板音樂其實就是在描寫極樂世界中的各個部分,例如當中一些敲擊的段落是在描寫空中的不鼓自鳴;又例如低音彈撥樂與銅鑼的重奏是在描寫中央舞者的舞動姿態。整個快板的設計就是透過音樂「繪畫」出畫中的各個細節,所以句式設計上會非常條理分明,一句是一種織體、一條旋律、一種設計、一種內容,下句便是另一種。而快板過後是一個很急促的完結,然後再由琵琶獨奏帶領,進入更為快速的段落,將音樂推向高潮,最後便重現開初的慢板樂段,全新看一次極樂世界的宏大與莊嚴。

所以可以說,《大唐禮讚》就是我們對畫中美好世界的想像,而其實在這作品中旋律並沒有主導着整個音樂的動向,反而是節奏與織體。因為壁畫給我們的想像更多的是躍動的生命力,無論是極樂世界的顏色、佈局,還是人物的姿態、神情,全都給予人一種佛世界的靈動與生命力,一種精神和肉體上的熱情,一種完滿的狀態。所以《大唐禮讚》所追求和呈現的更多是一種動感,透過不同的節奏和織體組合,為現世傳遞一點佛國土的美滿。

音樂導賞
《大唐禮贊》

《大唐禮讚》靈感來自於「觀無量
壽經變」中極樂世界的畫像，畫
中世界華麗莊嚴。（中唐　榆林
25　主室南壁　觀無量壽經變）

4《供花手》

甘聖希

《供花手》Bilibili　　　《供花手》Youtube

在中國繪畫中，所謂白描，就是單純的用線來畫畫。白描既是用來鍛鍊造型的基本功，亦是具有獨立藝術價值的畫種。透過線條的變化，如長短、粗細、曲直、疏密、輕重、剛柔等，不僅可以勾勒出靜態的輪廓，還能表達出主題的動感，甚至流露一種文化的氣質，這就是「線」的獨特魅力。在音樂中，線同樣重要。所謂線可以是簡單的旋律線條，亦可以是音樂前進的動態，甚至是樂器所發出的音色和其餘韻。中國音樂常說的「音斷氣不斷」，所說明的就是音樂中「線」的流動，而《供花手》所描繪的就是線的韻律之美。

《供花手》一曲就是描述菩薩們優美的手姿，透過琵琶的音樂線條流動捕捉菩薩手相的曲線之美。

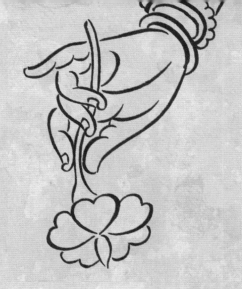

在敦煌的淨土壁畫中，許多菩薩會在佛前供花供水，以頌讚佛陀說法。而畫中供養人之手姿全都美妙動人。那些富有彈性的線條，柔軟而細長的手部造型，塗以淡彩，流露着一份豐潤、柔嫩、充滿生機的藝術魅力。《供花手》一曲就是描述菩薩們優美的手姿，透過琵琶的音樂線條流動捕捉菩薩手相的曲線之美。

音樂的開首段落由一些短句組合而成，平伏短小的旋律線條模仿着一些很輕很淡的筆觸，而句子中亦點綴着一些滑音與裝飾音，給予單調的線條一份額外的質感。整體感覺浮動、隨性和散亂。而隨後段落拍子感會瞬間加強，線條的旋律性亦會大大提升，這是全曲的主題調子，就好像由散亂的筆劃慢慢組合成菩薩的手姿似的。之後音樂便會進行數次的變奏，時而急速高亢、時而平靜低沉。有時音符會變得密而輕，強調線條的走動；有時又會特別強調樂音的餘韻，在中高音域做出共鳴感較強的推弦效果，就好像白描畫中線條的粗細曲直，一撇一劃都流露着不同的神韻與內涵。到了樂曲後期，經過一個激烈且華麗的華彩段後，音樂便會回到主題調子上，就好像在撒花撒水後，手相重新呈現一樣，依然是豐潤、柔和。最後就慢慢回歸平靜，在一些優美的散句中緩緩落幕。而其實，樂曲的結構鋪排也受到白描畫像線條的影響而變得連貫，不同樂段間的接駁被隱藏下來，為音樂製造了連綿不斷的效果，用以模仿線條流動時生生不息的感覺。

總體而言，《供花手》一曲所想表達的，就是以白描畫中線的動態作為靈感，透過音樂線條的姿態去描繪敦煌壁畫中菩薩供養時的手姿，利用不同的音樂語言去營造菩薩手相的韻律之美。

5 《淨土梵音》

甘聖希

所謂止觀，就是透過觀察獲得定的能力，然後因為心止了，就能更加仔細地觀察事物，從而更明瞭世間的因緣。最後透過這個循環的過程，止息一切妄念，如實正知一切法。《淨土梵音》一曲與其說是一首為觀眾帶來平靜的音樂，它更像是一個「止觀」的練習，供演奏者、聽者一個實驗的空間，透過「觀察」聲音來獲得一個自在的狀態。

掃碼細聽

《淨土梵音》Bilibili　　　《淨土梵音》YouTube

《淨土梵音》像是一個「止觀」練習,透過「觀察」聲音來獲得一個自在的狀態。
(晚唐　莫85　南壁　樹下彈箏)

《淨土梵音》一曲由三組樂器的聲音組合而成,分別是頌缽、碰鈴,以及古箏。首先是缽,演奏者會手持頌缽,用木棍在缽的邊沿轉圈。當木棍與缽的磨擦頻率與缽自身的震動頻率相互對上,就會產生一種共鳴的聲音,聲音低沉但具穿透性,而且還能持續不斷的發聲。此時演奏者會感覺到身體亦會跟隨聲音的頻率一同震動,整個共鳴過程相當要求演奏者的專注,以及時刻覺察自己與頌缽聲音的震動關係是否和諧協調;木棍轉動快了慢了,或是不夠緊貼缽,聲音就會改變甚至褪去。

其次就是碰鈴,碰鈴看似簡單,其實也非常講求演奏者的專注力。鈴的碰撞點的不同會影響到它所發出的音色是否清脆。碰擊時要確保只有單次的接觸,如果鈴靠得太近,它們的震動便有機會產生一些雜音,使得音色變得渾濁。

最後便是古箏,值得一提的是,古箏的樂譜其實並沒有標示任何節奏,只有旋律的音高與演奏法。在彈奏的過程中,古箏演奏者其實是在聆聽缽與鈴的互動從而決定旋律的快慢與樂句的進出。換句話說,古箏的樂段並沒有一個固定的演奏內容,每一次的演奏亦是它跟其他樂器的互動,甚至準確點來說,是跟其他聲音在互動。

所以整個演奏的過程相當要求演奏者打開感觀,聆聽、吸收、消化和反應,透過聲音本身的流動去創作。整個過程就是一個「止觀」的練習,利用聲音製造一個觀察與內止的空間。與此同時,觀眾在聆聽《淨土梵音》時,其實也應該從聲音的本質上出發,仔細觀察所有震動,透過觀察入定,從而再發掘音與音、人與人、心與心之間的互動,達到真正獲得內心平靜的境界。而在最後,要知道其實缽鈴箏的聲音也只是世間無數聲音的其中三種,它們只是媒介。

我們如能學習到如實的聆聽,世間萬萬種聲音也是梵音。

6《陽關三疊》

朱啟揚

渭城朝雨浥輕塵，客舍青青柳色新。
勸君更盡一杯酒，西出陽關無故人。
——《送元二使安西》唐 王維

《陽關三疊》是樂團最早期的作品
之一，是三件仿古樂器所組成的一
首三重奏小品，當中包括了在敦煌
壁畫常見的曲項琵琶、竹製的唐代
笙，以及由陶土製成的塤。在中樂
樂器的形制當中，有着一個概念稱
之為「八音」，當中包含了「金、石、
絲、竹、匏、土、革、木」，是透過
樂器製造所使用的主要材質，從而
將眾多芸芸樂器分類的一種方法。
曲項琵琶、唐代笙及塤三件樂器，
均由三種不同的原材料而製成，亦
因此三件樂器有着獨特且不同的音
色以及聲音本質。

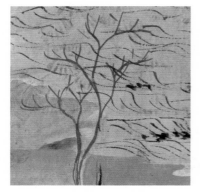

掃碼細聽

《陽關三疊》Bilibili　　《陽關三疊》YouTube

音樂由塤的獨奏響起，帶着一種乾涸的感覺，令人猶如置身於萬里長沙當中。（盛唐　莫 172　西方淨土經變局部）

三重奏的選擇並非偶然，跟大部分的器樂音樂不同，並不是只有單一旋律而其他樂器則作為輔助。而是每一件樂器都演奏着自己的旋律，各有不同地訴說自己的故事，然而卻能夠巧妙地結合起來並互相呼應，句與句之間重疊在一起，一起抒發着背後共同的情感，是為一種縱向的三疊。

相信對中國音樂有稍微接觸的聽眾來說，絕對不會對《陽關三疊》的旋律感到陌生，在過往中樂發展的時間當中，也有為數不少的作曲家嘗試就着這條旋律素材重新編曲甚至創作，然而，在香港天籟敦煌樂團的版本，相比起其他編曲的版本，懷有一種不同的創作出發點。

王維所創作的七言絕句《送元二使安西》，為這首小品帶來了創作的基調。在創作的過程當中，我嘗試運用三件不同材質的樂器獨特的音色，透過組織以及堆砌音色的組合，希望能夠刻畫並呈現詩句當中的風景及氛圍。

音樂由塤的獨奏響起，帶着一種乾涸的感覺，令人猶如置身於萬里長沙當中。對應着「西出陽關無故人」的場景，緩慢的樂句加上吹奏塤的時候所製造的「氣」雜音，猶如目送故人離去而不知歸期的嘆息，當中的無奈實在叫旁人心酸。樂曲中段仿唐笙的一段獨奏，就正如臨行一別為朋友送行，酌幾杯而微醺，沉醉在當下的歡樂但同時間卻因為即將到來的離愁別緒而殘喘，實在是百般滋味在心頭，難以一言而喻，唯有「勸君更盡一杯酒」，為大家之間的友誼舉杯留下美好的回憶。

音樂末段充滿着曲項琵琶泛音的迴響，清澈而有穿透力的聲音就好比夜幕星辰和朝暮雨滴的交替。繁星滿天的美景卻在不經不覺之中，變成刺骨的雨點無情地打落在我們的面龐上，美好的時刻一去不復返，回過頭來才發現雨滴其實也為我們的哀傷而落淚。「渭城朝雨浥輕塵」帶來了終歸到來的現實，卻同時默默地安撫着不得不面對現實的我們。

音樂以絕句的內容作為基調，嘗試描繪着字裏行間的畫面，兩者之間的結合希望能令聽眾更能感受臨別秋波的詩意，更能為經歷着離別的人帶來一絲絲的慰藉。

7《悟》

朱啟揚

《悟》是一首較為抽象的音樂，當中沒有耳熟能詳的旋律，或是有規律的節奏律動，取而代之更多的是營造氣氛的音效以及音響，需要聽眾的大量幻想，才能更好地感受音樂當中的意境。

掃碼細聽

《悟》Bilibili　　　　　《悟》YouTube

洞窟置中橫臥着一尊佛像，嘴角向上微挑，讓人感受到一股安穩的力量在泉湧。
（中唐· 莫 158　主室　臥佛）

在我還沒有到過敦煌以前,她所給予我的印象是神秘的,蓋着一層富有西域味道的面紗,放眼遙望盡是萬里黃沙,間中有着幾隊駱駝緩慢地東來西去,對於任何沒有到過敦煌的人,我相信他們也會有着同樣的幻想。然而,在到過莫高窟以後,卻顛覆並為我對敦煌的印象留下深刻的烙印。

還記得第一次到莫高窟參觀,很幸運地能夠有機會進入第 158 窟,前往這個洞窟的路程稍為有點崎嶇,因為它是位於斷壁的中層,必須爬過一小段陷入在斷壁當中的山道,才能到達這個洞窟。洞窟裏面放置了一尊巨大的涅槃像,跟剛才那段狹小的山道有着強烈的對比,因此進入第 158 窟之後有着一種豁然開朗的感覺。進入洞窟後有着一股輕輕的涼意,更時有着微風輕掃我的面龐,置中橫臥着一尊佛像,他的嘴角向上微挑,猶如對着所有人微笑,縱然他的雙眼已閉合,卻能感受到一股安穩的力量在泉湧。

音樂的一開始正是如此,洞簫的獨奏就好比山路的崎嶇而同時蘊藏着神秘的氣氛,不安的感覺一直環繞着身邊不停地打轉。大鼓的湧動將之前種種都蓋過,進入新的樂段就如進入洞窟當中一樣,為我們帶來安詳。

第 158 窟的構造實在是非常特別,由一個長方形構成。置中有涅槃像,左右兩側是兩幅壁畫,左邊的一幅描繪着前世,中間的泥塑雕琢出今身,右邊的一幅刻劃着來世。前世、今生、來世,三者並列,以一種俯視而下的視覺,跨越時空的限制,橫瞰着輪迴的過程。佛像背後有一幅眾生相,畫中有菩薩,更不乏各種社會背景的人,然而在涅盤如此安詳又溫暖的一刻,眾生卻表現得面目猙獰,在他們的表情上看到各種痛苦、悲哀、懼怕、崩潰,各種負面的情緒一擁而出,甚至更有人拿起匕首自殘剖心。相信他們的種種是對涅盤的不理解,並為逝者而哀嚎的表現。畫中種種激昂表現所帶來的震撼,與前面寧靜安詳的佛像形成極度強烈的對比。

音樂的前段與末段都相對寧靜,當中的意境看似類近但實際上卻各有不同,雖然都由馬林巴琴以及顫音琴渾厚的音色作為背景,但前段是由洞簫領奏,而末段則是由古箏為主。在明面上能察覺出具有着同樣的本質,就如輪迴一樣不停地循環。樂曲的中段則較為激動及嘈吵,整首作品的佈局就如洞窟的結構一樣,前世、今生、來世;中段的嘈吵刻畫着壁畫當中各種猙獰恐怖的行為,嘈吵的音效與透徹的鐘聲互相交替並逐漸消退,鐘聲就猶如對上天對眾生的喚醒,為他們帶來平安及慰藉。

畫中有菩薩，眾生卻表
現得面目猙獰，各種負
面的情緒一擁而出。
（中唐　莫158　北壁
各國王子舉哀圖）

8 《伊州》

朱啟揚

於敦煌莫高窟藏經洞出土的琵琶古譜只有一套，總共二十五首。學者歸納後得出樂譜由二十個譜字組成，而譜字右側會間歇出現「口」及「、」兩種符號，日本音樂研究者林謙三認為以上符號為節拍的標記，「口」為重拍，而「、」為弱拍，從而組成二拍子、三拍子、四拍子及散板等分類，而這種標記拍子的方式亦稱為「板眼」。

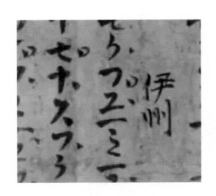

掃碼細聽

《伊州》Bilibili　　《伊州》YouTube

在二十五首「大曲」音樂中，每首樂曲結尾的譜字都大同小異，學者們均認為結尾所用的相同譜字絕非巧合。因而，林謙三等學者提出了不同定弦制式的說法。經考究後推論出整套琵琶古譜當中一共有三組定弦，分別為第一組（第一至十首樂曲）「D F G C」、第二組（第十一至二十首樂曲）「D F A D'」及第三組（第二十一至二十五首樂曲）「D F# A D'」。此說法亦被受認同及採納，從而引伸了更多不同定弦的說法，為音階音調的研究上奠定了基礎。

嘗試了解過眾學者對翻譯古譜的理解及處理後，我們以莫高窟壁畫大樂隊的場景為創作基礎，同時借用敦煌琵琶古譜當中第二十四首《伊州》的譯本，而重新創作為曲項琵琶及現代三十八簧高音笙二重奏而寫的同名樂曲《伊州》。

「反彈琵琶」是芸芸壁畫上最常見的舞姿，因而成為了敦煌洞窟最具標誌性的印象之一，因此這首樂曲特意選擇了仿壁畫的曲項琵琶演奏，希望籍此跟壁畫互相呼應。然而，選用高音笙是大膽的決定，畫中演奏音樂場景往往都是對稱地呈現，以三人為基礎再遞增變成大樂隊，二重奏的設定是為了突顯音樂及樂器上的主次關係，以及處理調性及和聲問題考量上得出的選擇。

曲項琵琶跟現代琵琶的構造大不同，曲項琵琶同樣有四弦，然而只有四「相」而並沒有「品」，因此可彈奏的音域相對上較為狹窄，總共只能彈奏二十音，正好跟二十譜字互相呼應，而且演奏時右手需持着木製的撥子，所以演奏技法的種類也相對「指彈」更少。

經過閱讀不同的譯本之後，我們發現節拍上相異的地方非常多，而林謙三並沒有寫下任何節奏，每一個譜字都只用全音符記下，音羣之間用小節線分開而形成樂句。故此，此曲在受到林氏版本的啟發下，參考了林氏的分句，再透過運用不同節奏，希望能夠突顯其定弦「A C# E A'」隱藏的調性「A B (C) C# D# E (F) F# (G) G# A' B' (C') C#' D'」，括號內的音名為音樂中未有用到的音符。以「A C# E A'」定弦作基礎，第四弦能彈奏「A B C C# D」，第三弦能彈奏「C# D# E F F#」，第二弦能彈奏「E F# G G# A'」，第一弦能彈奏「A'B'C'C#'D'」。得出可演奏音域為「A B C C# D D# E F F# G G# A'B'C'C#'D'」，雖有二十譜字，然而以音名來說，實際上能彈奏的只有十六個音而已。

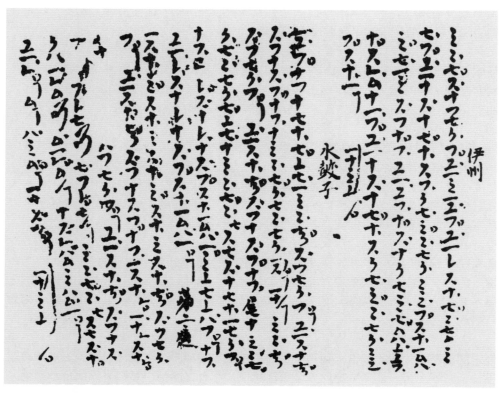

創作同時借用敦煌琵琶古譜當中第二十四首《伊州》的譯本。

原則上拍子及調性兩者處理完成後則可以演奏，演奏眾譯本的問題亦理應不大，但實際上樂師們仍然無從入手。原因是在於樂師無法得知實際的演奏速度，二十五首樂曲中均有獨立曲名，當中亦有標題可能暗示了其音樂的感覺，如《慢曲子》、《心事子》及《急曲子》等等，演奏速度會大大影響音樂的感覺及情感。

重新編寫的《伊州》選用了較慢的速度，主要原因是因為希望能透過音樂營造出清雅古樸的氣氛，同時間亦符合普羅大眾對「古譜」的幻想，盼望能引起聽眾的興趣並加以理解。

9 《一曲一畫一世界》音樂會

朱啟揚

我一直對敦煌和石窟都有着一種刻板印象，感覺方方面面都是浩瀚的宏大的，事實上也的確如是。作為在香港土生土長的城市人，當我第一次看到那幅延綿不斷的沙海，充滿着神秘氣色的黑孔且不見終點的斷壁，那種視覺上的震撼刷新了我腦海裏對世界的認知。走到洞窟裏面，南北壁通常都是以整整一面牆壁作為單一幅構圖的壁畫。試幻想自己家中每一面牆壁都是不同的畫作，被這些每一幅都比自己還大過幾倍的壁畫包圍着，那種無形的力量及壓力正正就是我第一次走進莫高窟所感受到的。

三兔藻井三頭三耳，造型非常獨特。

相比起大型經變畫，我更加喜歡本生故事畫以及一些常出現的圖像素材，例如一些圖騰與動物等。本生故事畫其實就好像常見的四格漫畫，畫工透過多幅小畫作的組合來說故事，而音樂作為設計時間的藝術正好能夠跟故事畫配合，相輔相成之下令壁畫更豐富更立體。

因此，我特意選取了五個我印象比較深刻的元素，並跟甘聖希共同創作了套曲《一曲一畫一世界》。當中包括了《白兔搗藻》（莫 407 三兔藻井）、《騰驤》（莫 428 五百強盜成佛）、《樂意寓靜觀》（莫 285 鹿王本生）、《生生死死》（莫 420 焚棺）及《制禮作樂》（榆 25 腰鼓舞者，莫 220 燈樓）。

三兔藻井的造型非常獨特，它是一個由三隻白兔所形成的一個對稱圖案，白兔與白兔的耳朵都是互相重疊的，因而造出獨一無二的三頭三耳圖案。後面的兔子追趕前面的兔子，一隻接一隻，卻永遠不會趕得上前一隻，變成了一個永無止境的循環。在《白兔搗藻》的音樂當中，除了想透過音樂去表達這種循環以外，同時間也想把兔子之間追逐玩耍的歡樂以及趣味透過音樂傳遞出來。

九色鹿救了差點溺水而亡的主角，到後來主角為了私利出賣九色鹿的情節，都一一透過音樂《樂意寓靜觀》的起伏，呈現起承轉合。

音樂導賞
《一曲一畫一世界》音樂會

另外一首名為《樂意寓靜觀》，取材於九色鹿的故事，而音樂則好像作為旁觀者，窺探着九色鹿與恩將仇報的人兩者之間的恩怨。由九色鹿救了差點溺水而亡的主角，到後來主角為了私利出賣九色鹿的情節，都一一透過音樂的起伏，將故事的起承轉合都呈現了出來。

《生生死死》是我最喜歡的一首中阮大阮二重奏小品，在音樂當中，我嘗試運用阮由虛到實多層次的音色，來描繪壁畫上因顏料氧化而變成的一個個黑色小人；他們一個個的聚集起來，圍繞畫中的巨大火堆一路徘徊。阮作為一件多音樂器能夠演奏出複雜的線條，就如壁畫中縱橫交錯的黑色小人一樣；同時間阮相比起其他彈撥樂器，因為用撥片演奏的關係，因而能夠製造出較為刺耳且富有侵略性的音色，這些聲音就猶如熊熊大火的氣焰，同時亦跟火舌的聲響相類似，為這幅畫作的不同部分提供了每一層聲音上的詮釋。

壁畫上因顏料氧化而變成的一個個黑色小人，圍繞畫中的巨大火堆一路徘徊。
（隋　莫 420　窟頂　喪葬：焚棺）

中唐　莫 112　南壁　觀無量壽經變之樂舞圖（局部）

樂舞是大型經變畫當中很重要的構成元素之一，置中舞者的型態通常都是手持着一件樂器，比如琵琶、扁鼓等等，一邊演奏樂器一邊跳舞，此等婀娜多姿的型態就如「反彈琵琶」，成為了當大家提及敦煌壁畫的時候，最具辨識度的壁畫特色之一。

《制禮作樂》跟以上幾首樂曲創作思維都有所不同，相比起來，這首作品並不是着眼於故事性，而是希望在創作過程中，突出壁畫中不同打擊樂器在聲音質地上的不同，在只看壁畫的情況之下，或許未能夠察覺出它們在聲音上的對比及衝突，盼望這種觀察能夠為欣賞壁畫帶來不同的理解方法以及更多的趣味。

音樂導賞
《一曲一畫一世界》音樂會

掃碼細聽

《白兔搗藻》Bilibili

《白兔搗藻》YouTube

掃碼細聽

《騰驤》Bilibili

《騰驤》YouTube

掃碼細聽

《樂意寓靜觀》Bilibili

《樂意寓靜觀》YouTube

掃碼細聽

《生生死死》Bilibili

《生生死死》YouTube

掃碼細聽

《制禮作樂》Bilibili

《制禮作樂》YouTube

10《天籟》

甘聖希

當人們談起敦煌,一定會記起那幅聞名於世的反彈琵琶,那是莫高窟第 112 窟南壁東側的觀無量壽經變畫。開鑿於中唐的第 112 窟是個小窟,僅能容得四至五人,我有幸於 2018 年與樂團採風時入內觀看,回港後便創作了《天籟》一曲。

掃碼細聽

《天籟》Bilibili　　　《天籟》YouTube

《天籟》是我為樂團寫的第一首樂曲，內容是對該窟壁畫的想像。畫中極樂世界熱鬧非常，有擊鼓踏足的舞伎，亦有在供養和聽法的菩薩與天人，還有佛陀在中間說法。《天籟》一曲就是描述這佛世界的莊嚴與神聖，歡喜與靈動。所以樂曲中有許多節奏敲擊的段落，一方面是我對畫中世界樂舞的想像，另一方面是在描述壁畫中不鼓自鳴的部分。

所謂不鼓自鳴就是在極樂世界中到處奏樂飛翔，但又沒人演奏的樂器。它們為畫中世界提供了一份額外的動感，就好像高興得連樂器也在舞動似的，而音樂中大量敲擊樂的運用就是在模仿那些「奇怪」的樂器。而同時，在極樂世界中最常出現的就是彩雲與絲帶，它們給予舞者與飛天一種活潑的動感。而音樂中就有大量的流動性旋律線條在到處穿梭，時而在低音域踏舞，時而在高音區互相追逐，令音樂好像變成了彩帶一般優雅，輕柔地流動。

而在《天籟》一曲的中間部分，我還特意引用了饒宗頤教授所破譯的敦煌琵琶譜《慢曲子 · 心事子》，並與主題調子互相對唱，仿佛古與今的交流和對話，同時亦藉此紀念饒宗頤教授在敦煌學上的貢獻。

而說起《天籟》的主題調子，它的組成也相當有趣。於我來說，敦煌是個神奇的地方，一幅小小的斷壁，竟然滙聚了不同的人與事，亦拉近了東與西的距離。所以在構思《天籟》的主調子時，我就將代表不同地方與民族的音階排列放入同一旋律中，用以象徵敦煌是個文化滙聚的地方，同時在主調子的最後一句用上：「do re me so me re do」。這是佛教唱頌中最常聽到的旋律動機，代表着這一切因緣的背後其實亦隱含着宗教的願力。

（中唐　莫 112　南壁西側　海螺）

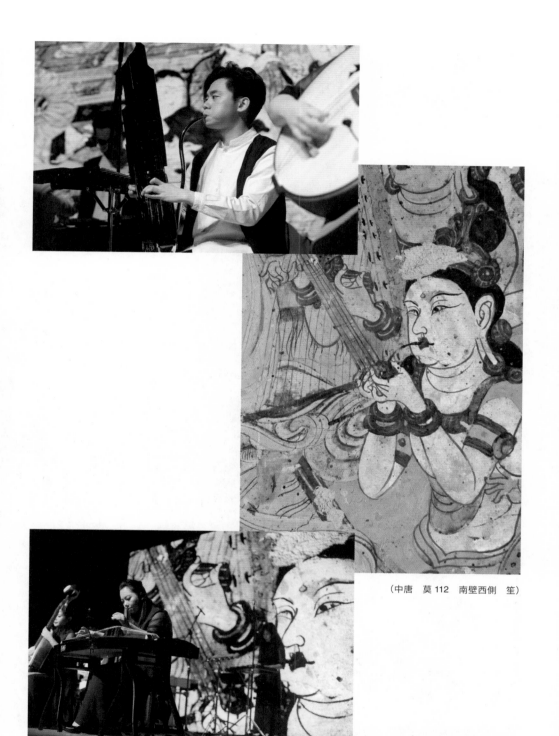

（中唐　莫 112　南壁西側　笙）

11《獅子山下》

甘聖希

掃碼細聽

《獅子山下》Bilibili 　　《獅子山下》YouTube

2019 年 5 月的時候，我帶着朋友一同前往了敦煌觀光，我們在研究院遇到了一位香港大學佛學研究中心的同學。他熱情地帶我們逛了不同的洞窟，為我們講解了許多壁畫的故事。而就在完成整個導覽以後，這位年輕人跟我說：「1600 年前，這裏熱鬧得很，到處都是來自世界各地的人，在這裏經商、交流文化、宗教朝聖，就好像現在的香港似的。但 1600 年過去，這裏曾經擁有過所有輝煌的痕跡，現在全都變成了沙。唯一能夠留下來的就只有那些脆弱得一吹即碎的壁畫。那你覺得，1600 年後，香港還會留下甚麼？」

饒宗頤老師作品《獅子山下》

在我的歷史時間觀而言，最短的是人的生命，現在大概只有八十多年；稍為長的便是政治，更長一點的就是經濟，之後就是民族、社會。與人有關的事情，人事中最長的就是文化。文化亦是當下看似最無用的東西，食不飽、管不住。但當所有物質都變成沙以後，唯獨文化依然能夠屹立不倒。我所指的當然不只是那些脆弱得如紙一般的壁畫，而是人集體努力過，存在過的痕跡。

如果說：「生命會找到自己的出路。」我更傾向說：「存在過的意志和發生過的歷史會找到自己承傳下去的出路。」這就是文化的威力，也是人類渺小生命的偉大之處。

133

A Dialogue between Dunhuang and the Palace Museum

Across 2000 Years of Chinese Cultural Heritage

敦煌與故宮

對話

大也

盛也

恢弘狀麗

开起交代二千年

第四章

飛越文化二千年

Dunhuang and the Palace Museum
Across 2000 Years of
Chinese Cultural Heritage

飛越文化二千年

他們是偉大的「文化守護者」，

甘願奉獻

一生人的時間，

成就了人類的敦煌，

世界的故宮。

謝謝你，文化守護者！

謝謝你的時間！

生命賦予萬物的存在，

卻敵不過成、住、壞、空。

時間無情，人間有情，

敦行故遠，萬里千年，

感召了

一代又一代的

莫高人、故宮人，

堅守大漠，丹宸永固，

文明互鑒，默默守護

中國的世界文化遺產。

圓滿的文化盛宴

紀文鳳

香港回歸祖國二十五周年，有不少盛事舉行，其中香港故宮文化博物館落戶香港，是我最心儀的重大要事。這標誌着中國五千年文明和深厚的民族歷史，以紫禁城六百年的宮廷文化、建築和文物珍寶，為香港年青的一代展開文化新旅程。

十二年前，在李焯芬教授和夫人李美賢老師引導下，我和敦煌莫高窟結下了不解緣，我總覺得敦煌是香港的前世今生。

就從這裏，我開始進入中華文化博大精深的世界。

也從這裏，我認識了敦煌研究院的四任院長樊錦詩、王旭東、趙聲良和蘇伯民。最感人的是，在他們領導下，這裏每一位莫高人都在刻苦的環境下，奉獻自己一生的時間守護敦煌。

也從這裏，無意中得到吳志華館長、王旭東院長和趙聲良書記的助力和加持，我組織了一班年青音樂家，成立了香港天籟敦煌樂團，希望累積文化底蘊，在香港通過音樂去弘揚敦煌文化和藝術。

機緣巧合，王旭東院長先後以敦煌人和故宮人的雙重身份，將敦煌千年的佛教藝術和故宮六百年的宮廷文化無縫銜接，一脈傳承，而吳志華博士也成為香港故宮文化博物館的第一任館長，從此香港、敦煌和故宮可以結伴而行。

我們全部相遇在敦煌，緣份卻永續在故宮！

適逢香港故宮文化博物館在香港成立，我們邀請到這兩位殿堂級的「文化守護者」王旭東院長和趙聲良書記千里迢迢來到香港，出席由吳志華館長做東道主、李焯芬教授主持的文化講座《敦煌與故宮對話：飛越文化二千年》（於 2022 年 6 月 21 日舉行）。四位重量級專家聚首分享心得，將中國兩個最重要的世界文化遺產，在作為國家中西文化交流中心的香港，向全球展示和推廣「人類的敦煌」和「世界的故宮」。

四位重量級專家及學者，王旭東院長（右七）、趙聲良書記（左七）、吳志華館長（右六）、李焯芬教授（左六）聚首分享心得，向全球展示和推廣「人類的敦煌」和「世界的故宮」。

正如李焯芬教授所說，這是一場不可多得的兩個文化盛宴。

作為序幕，香港天籟敦煌樂團演奏了一首原創音樂，由樂團兩位年輕作曲家甘聖希和朱啟揚共同編寫《敦煌與故宮對話》大型組曲，分別有三個樂章：第一首是《敦煌》，透過創新科技和動畫，展現在無邊的星際宇宙，時間的虛幻和不停流走。應對不同的敦煌壁畫，由飛天帶動，穿越不同年代，以快樂和躍動的音樂，介紹佛國的極樂世界、平民生活和美極了的藻井圖案。

而第二樂章是穿越《故宮》，以凝重的音樂，見證宏大的宮廷建築所留下的時代痕跡，並以肅然而溫暖的手法帶出文物和收藏，特別着眼在宋朝著名的「千里江山圖」。

第三樂章《謝謝你的時間》，是以尊天敬地愛人的真摯情懷，感嘆生命給予時間的目的，頌讚文明的偉大；文化就是生命的如來如去，藉此向敦煌研究院和故宮博物院的「文化守護者」致敬。

第一樂章《敦煌》，透過創新科技和動畫，介紹佛國的極樂世界。

飛越文化二千年
圓滿的文化盛宴

第二樂章穿越《故宮》，見證宏大的宮廷建築所留下的時代痕跡。

當天的重頭戲當然是由四位文化翹楚進行的文化講座，首先由敦煌研究院趙聲良書記主講「敦煌文化的價值」，接着故宮博物院王旭東院長和大家分享「世界的故宮」，最後香港故宮文化博物館吳志華館長以「敦行故遠，香港情緣」為講題分享。

他們分別介紹了三個文化單位的內涵、現況和發展願景。趙書記娓娓細說千年敦煌博大精深的藝術和價值，展示出中華優良傳統文化的精神，他強調我們必需「不忘本來，吸收外來，面向未來」。王院長則指出，敦煌和故宮分別是由民間信仰和國家力量締造而成的文化豐碑，盛載着漢唐至明清中華二千年的文化記憶，見證中華文明包容和多元的一體。而吳館長則以香港故宮文化博物館的成立來「說好中國故事」。第一階段是認識，第二階段是參與，提供一個優質平台，滙聚各方人才和資源，把文化教育做好，提升年青人的文化自信。

李焯芬教授介紹講者並主持講座《敦煌與故宮對話：飛越文化二千年》。

敦煌研究院趙聲良書記主講「敦煌文化的價值」。

飛越文化二千年
圓滿的文化盛宴

故宮博物院王旭東院長分享「世界的故宮」。

香港故宮文化博物館吳志華館長分享「敦行故遠，香港情緣」。

香港天籟敦煌樂團可以和香港故宮一同主辦這個深具遠見的文化活動，創造這個「共聚在香港」的歷史時刻，首先要感謝大家對我的信任，容許我策劃這個活動，一圓我的心願，因為在二十五年前的 7 月 1 日晚上，我為「香港明天更好基金」在維港統籌和舉辦了一場史無前例的花船和煙花大滙演「萬丈光芒慶回歸」。能夠再為香港回歸祖國二十五周年這個重要時刻做點事，是我畢生的榮幸。

1997 年 7 月 1 日晚上，在維港舉行的花船和煙花大滙演「萬丈光芒慶回歸」。（左起）方黃吉雯女士、錢其琛總理、董建華前特首、作者、周南主任、魯平主任、董建華夫人。

《敦煌與故宮對話：飛越文化二千年》音樂會暨文化講座，得到國家藝術基金對樂團的支持，成為 2022 年基金首屆資助的香港藝術項目，並得到中國銀行（香港）獨家贊助，支持香港故宮開幕，開啟中華文化新里程。

其實在新冠肺炎疫情和封關的影響下，籌備任何大型活動都極具挑戰和考驗，既定日程不停改動，工作複雜繁瑣，真的是意想不到的艱辛。

王院長和趙書記的確是排除萬難，幾乎是最後一星期才能確認行程，兩位分別從北京和敦煌飛到香港，與吳志華館長和李焯芬教授，在同一個時空，創造了這場千載難逢、別具歷史意義的文化盛宴。

在疫情期間，內地各省市對防控新冠疫情措施十分嚴謹，以遏止病毒散播。甘肅省兩年半來都沒有批核過官員出境，來一趟香港真的不容易。況且返回內地又要隔離十四至二十一天才可以解行，我由衷的向他們致敬和致歉，實在辛苦你們了！

還好有台前幕後工作團隊的體諒，毫無怨言的配合。也感謝三位廣告界的老朋友吳文芳、吳鋒霖和鄧鉅榮陪我一起做「無償大義工」，務求做到最高質素，證明香港仍是創意之都。

這次音樂會暨文化講座得到圓滿成功，絕對是個好開始！我希望能透過香港故宮文化博物館的成立，去觸動年青人對中華文化發生興趣，開啟他們的中華文化之旅，並且沉浸在中華文化之美。我最大的期望是希望大家，共同出心出力去守護，這兩個中國最重要的國寶和世界文化遺產：「人類的敦煌」和「世界的故宮」！

作者最大的期望是大家共同
守護敦煌和故宮。

莊子 齊物論

子綦曰：「夫大塊噫氣，其名爲風，是唯無作，作則萬竅怒呺，而獨不聞之翏翏乎？山林之畏佳，大木百圍之竅穴，似鼻，似口，似耳，似枅，似圈，似臼，似洼者，似污者。激者，謞者，叱者，吸者，叫者，譹者，宎者，咬者，前者唱于而隨者唱喁。泠風則小和，飄風則大和，厲風濟則眾竅爲虛。而獨不見之調調之刁刁乎？」子游曰：「地籟則眾竅是已，人籟則比竹是已。敢問天籟。」子綦曰：「夫吹萬不同，而使其自己也，咸其自取，怒者其誰邪？」

第五章

萬籟有聲

大樂與天地共和

辦一場音樂會，概念和主題都很重要，這樣才
能加深觀眾的印象，豐富欣賞角度以及內涵。
樂團慶祝五周年紀念音樂會選題是《萬籟有聲：
天籟、地籟、人籟》，靈感是來自莊子《齊物論》。

敢問天籟

人籟則比竹是已

地籟則眾竅是已

莊子　齊物論

籟是意指從孔竅中所發出來的聲音：人籟是人所吹奏的聲音；地籟是風吹大自然孔穴的聲音；至於天籟，莊子說尚不清楚。而這個「不清楚」就成為了香港天籟敦煌樂團終身的追求，去尋找來自天界的聲音。

我們在探究選題時，讀到莊子《齊物論》，喻天籟為天界之聲，地籟為大自然之聲，而人籟則是外在的總和，頓悟我們的音樂世界是可以擴大到「萬籟有聲」，即以「心聲和外音渾然一體，音聲相和，有無相生，前後相隨！」

所以樂團就將敦煌壁畫中的極樂世界喻為天界（佛教文化），是為「天籟」，而故宮（宮庭文化）和它的大器建築、文物瑰寶及珍藏皆是來自大地，是「地籟」的意象。

至於「人籟」就是我們用現代古樂和視覺藝術去演繹天地的一切，甚至構圖、顏色、線條都給予我們音樂靈感，以樂章做載體，細訴人間的活動，大自然的變化，文明的進步，我們努力延續五千年來一直在塑造的這首無限時空交響樂曲，迴響到今天和直至永遠。

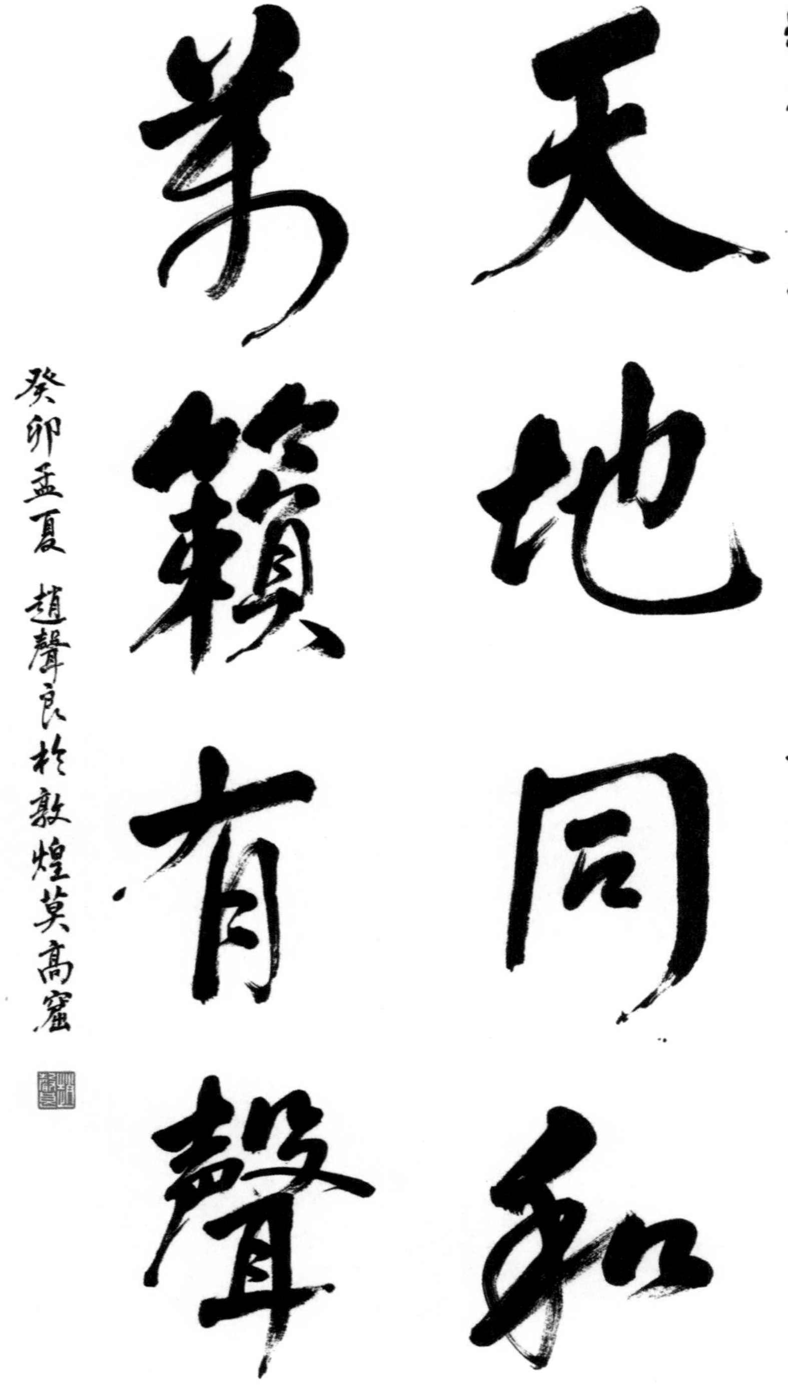

天地同和

萬籟有聲

敬賀　香港天籟敦煌樂團成立五週年

癸卯孟夏　趙聲良於敦煌莫高窟

敦煌研究院趙聲良書記在香港天籟敦煌樂團五周年紀念時，特別親筆揮毫送來墨寶誌慶，意旨是「大樂與天地同和」。
感謝趙書記一直以行動支持我們繼續以現代化傳統古樂去演繹博大精深的敦煌藝術和多元一體的中華文化。

我們以「天籟、地籟、人籟」為題，以音樂談天、說地、頌人！我們的音樂透過說故事的形式，帶領大家穿越壁畫和文物圖象，製造意景，視聽兼備去感受千年文化的因緣——由聲而出，用心共鳴。

最近我無意中看到中央電視台幾年前推出一套百集電視片《如果國寶會說話》，發覺與我們的思路不謀而合。他們是在旁述國寶，代國寶發聲，將其歷史、文化、傳奇、價值和意義公諸於世，而我們則是在營造「文物的聲音」，這是發自文物的內心，透過圖像，注以情感，哪怕是心路歷程，還是自彈自奏，都是別樹一格。

我們一直尋求將敦煌壁畫「無聲的音樂世界」活化，我們相信在地球上「萬籟有聲」，兩位年輕的駐團作曲甘聖希和朱啟揚一直在演繹「來自文物的聲音」，揉合現代中西手法的演繹和古代絲路樂器的演出，新舊交替，中西交融，一新氣象。

我們創作的方向，是用古譜內的旋律素材，用古樂器譜出敦煌壁畫和故宮文物的聲音，以音符展現天地人合一的境界，視聽兼備，動之以情，震撼人心。在進入這個過程中，背後的文化屬性需要深入淺出去理解，融滙貫通後才能譜出音樂去吸引更多人對中華文化產生興趣。

一連串的巧合和偶遇，顯現了香港與敦煌和故宮的緣分，加大了樂團的創作和發展空間。自 2018 年從一個實驗樂團開始，我們在尋找敦煌音樂的過程中，無意之間發現敦煌石窟與故宮紫禁城的歷史年份是一脈相承，無縫連接，超越二千年的歷史文化時空，令我們有一股以「人類的敦煌」和「世界的故宮」為依歸的衝動。

六年來，樂團共寫了四十多首原創音樂，配合視聽一體的表演，又嘗試用導賞方法去做音樂會，給觀眾解釋壁畫靈感和古樂器的應用，加強台下觀眾的投入和理解。

到了新冠病疫肆虐三年，我們從舞台的實體演出，到上載至網上開音樂會，由小眾變大眾，由幾百至千人的實體音樂會，到點擊率過百萬的線上音樂會，在沒有大數據的分析下，探究誰是我們的目標對象。

2021 年 8 月「一曲一畫一世界」網上音樂會

萬籟有聲
大樂與天地共和

到去年全部疫情限制解禁，我們致力傳承和創新，發展由廣場的裝置藝術，到夥拍中國銀行作為文化夥伴，在其宏偉的舊總部（屬香港二級保護建築物）史無前例展出「第一號文化」洞窟，務求普及敦煌和故宮的文化藝術。同場舉辦中小學生和親子工作坊以及教育專場，希望大眾多方面感悟中華文化之美！

2021 年 12 月「燃亮世界，燃點希望」網上音樂會

在香港二級保護建築物內破天荒辦展覽，一新耳目。

在香港中國銀行主辦的活動宣傳海報

我們的題材不再局限於利用新媒體效果把壁畫變成音樂，而是以包容的態度和形式，涉獵更多不同的傳統中華文化。正如有樂評人指出，天籟敦煌樂團的演出，顛覆了人們一貫認知，改變了中樂既有的「老土」印象！

樂團董事會成員楊偉傑教授，他是中國首位竹笛表演藝術博士，也是樂團成員過去在香港演藝學院的導師。他說過：「我們不是把古老的東西搬過來，而是用當代年輕人的語彙去推廣和演繹」，他認為「不同的人為文化在做不同的事，而這些都是我們的使命感」。他更引述著名音樂學者黃翔鵬的話：「傳統是一條河，千百年前敦煌藏經洞內，敦煌遺書記載的古譜是原創，幾十年前有人致力破譯，而現在的人則是在演繹！」

樂團很年輕，規模又小，但願景很大！

我們有幸生於香港，就如古代敦煌一樣，處於多民族、多文化、多宗教的中外文化交匯處，這個優勢使樂團可以秉承包容和尊重的態度，融合中國民族樂器和西方傳統樂器，以行動實踐中西文化交流。

專家學者對破譯結果各有保留，爭議不停，古譜的不確定性反而為我們帶來更多創作空間，加上以堅定的「傳承、保護、創新」為初心，我們立志要做一個起點高、走得遠，有文化底蘊的樂團，用音樂去弘揚中華文化和教育下一代。

我們知道這肯定不是一代人能夠完成的使命，文化自信是要累積和沉澱，潛移默化，還要增強國際視野。以軟實力走入外國人的生活和社區，才能動之以情！

但我們並不拘泥於敦煌壁畫中的考古，而是嘗試以中西音樂風格、樂器等融合，將優美動聽的旋律、豐富的音色、和諧的共鳴展現給觀眾。

曾經有記者朋友問我：敦煌文化在當今世代的價值何在？

我認為可以從不同的角度，透過音樂傳播敦煌文化，讓人們知道，中國古樂器也可以演奏現代音樂，甚至以西方電子音樂亦可演奏我們撰寫的古譜，創意無限，如此類推。希望觀眾欣賞過後，會有興趣實地去敦煌朝聖，更深地了解敦煌的文化。

我們組建樂團，第一是希望中樂年輕化和受到重視。現時學校和家長要求學生學的樂器都以鋼琴和小提琴居多，我心想為甚麼不能學古箏、學琵琶，甚至可以學吹笛、吹塤，使它如口琴般普及？希望加強大家對中國樂器的認識和喜愛。

第二，希望中樂普及化，做到世界共享和熱愛。其實在香港學中樂的大學生出路很窄，大部分不是做學校教師，就是在家教學生，而且中樂演出時翻來覆去都是《春江花月夜》《十面埋伏》《喜洋洋》等等，我們尊重傳統創作，精益求精之餘，事實上現代中樂要有更多原創作品，需要大膽創新！我希望傳遞一個訊息給大眾，每個人都有責任去做文化保護者。我不希望樂團表演成為例行公事：上台演奏、鞠躬謝幕、大家說再見就此完結，而是希望令觀眾在欣賞音樂之餘，可以留下一點點耐人尋味、繞樑三日的內容，回家去思考。

我當然深知這個願景目前來說，是過分要求高，難以即時實現。

大樂與天地共和，希望我們是一個有文化底蘊的樂團。透過音樂去普及和弘揚敦煌文化和藝術。我對我們兩位樂團作曲有期望，希望他們能夠仿傚音樂教父黃友棣先生一生奉行之「大樂必易」的哲學，我們創作的音樂不必曲高和寡，應該雅俗共賞，善民心、感人深，移風易俗，從而感動和感染更多人，共同出心出力去守護「人類的敦煌」和「世界的故宮」。

樂團樂師郭枸曦吹奏塤

第六章

樂團成員心聲

1《謝謝你的時間》

甘聖希、朱啟揚

甘聖希
Kam Shing Hei

藝術總監 Artistic Director
駐團作曲 Composer-in-residence

甘氏 2017 年畢業於香港演藝學院，主修作曲與電子音樂，後於香港大學取得佛學研究碩士，其後於演藝學院人文學系任教，至 2020 年離開。而自學院畢業後便投入職業音樂創作行列，合作過的藝團包括香港管弦樂團、香港舞蹈團等，作品亦曾於不同的藝術節上演出，包括香港藝術節、日本越後妻有大地藝術祭、海上絲綢之路國際藝術節等。甘氏亦於 2018 年加入香港天籟敦煌樂團作為駐團作曲，並於 2022 年起擔任樂團藝術總監一職。

朱啟揚
Chu Kai Yeung

駐團作曲 Composer-in-residence
音響設計 Sound Design

朱氏畢業於中央音樂學院及香港演藝學院，師從郭文景教授及麥偉鑄教授，並於 2022 年前往約翰 · 霍普金斯大學攻讀錄音藝術及科學碩士學位。曾與多個音樂團體合作及委約創作，當中包括香港天籟敦煌樂團、以色列駐香港總領事館、菁薈雅頌、演藝管樂團、綠韻──混聲合唱團、玥──琵琶室內樂團、讚管樂團、香港節日管樂團及 RedBricks Harmonica Ensemble 等。

音樂是時間的藝術。做音樂的人，就好像拿着大自然給你的石頭一樣，精雕細琢，盡力將人間的美呈現出來。而作曲就是在雕琢時間，將時間變得精彩，變得有情，將瞬間變成永恆。

文化是時間的累積。博物館一直給人一種厚重的感覺，這份重量是來自於文物背後傳承下來的智慧與歷史，而這一切都是用時間一針一線編織出來。是時間，令行為變成習慣，令習慣變成默契；然後默契傳承智慧，智慧成就文化。

生命是時間的流動。試想想，時間其實是生命之所能存在背後的形式：人的成長與消亡是時間流動的見證，大腦對過去與未來的構成也是建立在時間的概念上。所以可以說，時間就是生命。同時，生命亦給予時間內容。而如果沒有生命在見證時間的流動，文化與音樂亦不復存在。

而在最後，扣連着敦煌、故宮及香港，這三個截然不同的時空的因緣就是音樂、文化與生命，而扣連這三個奇妙的東西的因緣就是時間。「謝謝你的時間」是謝謝你雕琢音符的時間；是謝謝你聆聽他人情感心聲的時間；是謝謝你臨摹壁畫的時間，也是謝謝你曾經存在過的時間。所有人也可以是文化守護者，正是因為你的存在，才能成就敦煌、故宮和香港的不朽傳奇。

掃碼細聽

《謝謝你的時間》Bilibili　　　《謝謝你的時間》YouTube

2 團員心聲

茹健朗、陳韻妍、陳天姿、劉慕華、
彭泳汶、郭枸曦、陳俊燊、譚詩蔚

茹健朗
Loris Yue

駐團樂師（笙）Resident Musician（Sheng）

茹氏現為香港天籟敦煌樂團駐團笙樂師、西九文化區戲曲中心茶館
新星劇團駐團笙樂師及 FUSICIANZ 樂隊創辦人。畢業於香港演藝學
院，主修笙並副修中國敲擊，其導師包括鄭德惠、盧思泓、翁鎮發及
閻學敏老師等，在學期間曾獲頒多項獎學金及多間媒體採訪。茹氏
專注傳統中樂演出外，近年亦積極創新，與本地藝術家作跨界合作。
包括帶領 FUSICIANZ 樂隊於本地作巡迴演出、組成「舞簧管」於大
館舉辦多場音樂會，更以獨奏家身分多次亮相「法國五月」藝術節。

緣於芬蘭，始於敦煌，創於香港。

2017 年，在香港演藝學院讀書的我，代表母校遠赴芬蘭作交流演出，那是我人生第
一次出國演出。不過最令我難忘的，卻不是演出或旅行，而是一場「邂逅」。這一場
緣份旅程，可以說改寫了我的一生。

在芬蘭旅程中，我和團員陳韻妍有幸與紀文鳳小姐一同遊覽愛沙尼亞小島，因錯過
原定的船期需滯留在碼頭，卻為我們開啟了與紀小姐的緣分之旅。

當時紀小姐主動關心新一代的中樂發展，談話中更提及她想組織一隊「敦煌樂團」
的祈願，想藉此重現敦煌古韻，也邀請我們加入。這想法與一直想要創立樂團的我
不謀而合，將中樂文化傳承及推廣，正正是我發展音樂事業的初心。於是，我們一
拍即合，並與演藝學院同學陳韻妍在回港後，積極策劃組團一事。

一場邂逅，成就了天籟敦煌的誕生。

在 2017 年 4 月，我和陳韻妍帶同初步構思的樂團計劃書，主動找了紀小姐開始我們第一次會議。在確認了初步的計劃後，隨之便是尋找合適班底。樂師部分，我邀請了演藝學院讀書時合作過的同學們加入合作。至於樂團作曲人選，在身邊朋友的舉薦下，我認識到甘聖希及朱啟揚。

可能是冥冥中注定，這兩位作曲者居然也是「敦煌迷」，他們對中樂的創作別具熱枕和想法，我深受感動，並要邀請他們「駐團作曲」。很奇妙地，他們兩人可謂是一凹一凸，不論想法或者創作方向，都能互相推動，亦增加了樂團創作上的多樣性！

2017 年 10 月，幾位樂團成員與紀小姐到敦煌考察，被其風貌所感動，不論是莫高窟壁畫中的樂舞圖，還是敦煌的歷史故事，都深深觸動我們。這一刻，我們也決心以「敦煌」為核心，宏揚「莫高精神」，用音樂記錄敦煌，傳承敦煌文化。

冥冥中的主宰，就像一種無形的推動力。

在紀小姐獨具前瞻性的帶領下，我們創造了很多不可能，讓我們不斷成長、進步。2018 年 5 月 25 日，在饒宗頤文化館舉行的《天籟敦煌 · 淨土梵音》展覽開幕禮上，展開樂團第一次公開演出。但那時樂團才剛成立，而我們在有限時間內，創作及排練了兩首作品，時間十分緊迫；現在回想起來，確實是戰戰兢兢，不過我們還是順利完成了。這也是我們創造的第一個不可能！

當然，「奇蹟」又怎會只發生一次？ 2018 年 9 月 15 日，這是樂團一個極具歷史性的時刻。我們首次出埠演出，更有幸成為有史以來首隊在敦煌莫高窟的九層樓前演出的樂團。這還得歸功於紀小姐的帶領，也很感謝敦煌研究院的全力支持，特別是樊錦詩院長、王旭東院長、趙聲良院長對我們的愛惜及鼓勵，讓我們再次成就創舉。

成功的演出，有賴敦煌研究院及多位敦煌老師們的全力支持，更令我感動的是，當天戶外溫度只有十度，在演出的途中，九層樓的上空配上藍藍的晚霞，為這場戶外演出帶來一抹溫暖，就像是敦煌這個地方賜予我們的力量，讓我們的演出融入在大自然裏，如此吻合。

今年是樂團成立的第五年，回憶起這些年來大大小小的演出，一切歷歷在目。而我衷心感謝不同老師、前輩們對我們的提攜、支持、賞識及愛戴！當然還有樂團背後的無名英雄——紀小姐，感謝她的帶領和鞭策，讓我們踏上這段奇妙的旅程。噢！還要感謝那場「邂逅」，感謝它滙集了我們這輩「敦煌迷」，也給了我們香港年輕人發光發亮、一同為追尋音樂夢而打拼的機會。

「天籟敦煌」的誕生，是一種使命，更是一種契約。最後，願我們樂團眾志成城，無忘初心，繼續再創高峰！

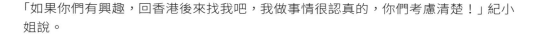

陳韻妍
Felissa Chan
駐團樂師（琵琶）Resident Musician（Pipa）

陳氏現為香港天籟敦煌樂團駐團琵琶樂師，
2019 年於香港演藝學院取得音樂碩士學位，
隨張瑩老師學習琵琶，並曾隨袁越及任宏老
師學習。 2019 年受邀於香港大館舉行兩場
「彈撥傳韻──傳承古調」及「當代意象」音
樂會；2018 年與香港演藝學院中樂團合作，
出演琵琶協奏曲《雲想 · 花想》獨奏；2017
年，應垂誼樂社所邀赴芬蘭舉行中樂音樂會；
2015 年獲香港管弦樂團邀請，於「香港管弦
樂團籌款音樂會」中任琵琶樂手。現為玥──
琵琶室內樂團主要成員。

「如果你們有興趣，回香港後來找我吧，我做事情很認真的，你們考慮清楚！」紀小
姐說。

2017 年我和幾位同學代表香港演藝學院到芬蘭演出，旅途等船時紀小姐主動前
來問我：「你知道敦煌嗎？我一直很喜歡敦煌，如果可以用敦煌做主題去演奏的話
⋯⋯」紀小姐滔滔不絕地與我談論敦煌，她說想組一個樂團宏揚敦煌同時，又可以
為我們這些在香港學習中樂的年青人提供機會，然後她把卡片給我，叫我回港後去
找她。

回港之後，我和茹健朗帶着頗「簡陋」的建議書去到紀小姐的公司，再在紀小姐的
帶領下我們一步一步籌備起來。

2017 年，紀小姐帶着我們一同到敦煌採風，那時我才第一次認真看到敦煌。我們跟着專業的講解員進入敦煌的洞窟裏觀看壁畫，每一個壁畫都刻劃得唯妙唯肖。其中，最著名壁畫之一是位於第 112 窟，平時是不對外開放的，我們十分榮幸可以進入參觀。我記得第 112 窟比起其他洞窟小，一次只能四至五人入去。著名的「反彈琵琶」就位於洞窟的右邊，「反彈琵琶」的舞姿映入眼簾，沒想到一千多年過去，壁畫的色彩依然斑斕。顏料可能因為滲有貝殼或珍珠的緣故，依然閃閃發亮，完全不像已保存了一千多年的壁畫，「反彈琵琶」的面積不大，實際大小就像一張 A4 紙一樣，但卻是如此的刻骨銘心！

站在第 112 窟之中，有一股莫明的神秘力量令我十分感動，眼淚便不自覺地流了下來，我帶着淚水步出 112 窟，旁人都問我你為甚麼哭呢？我也在問自己為甚麼流淚，我也不知道，也許這就是感召吧！

翌年，我們帶着樂器重回敦煌，在九層樓前演奏，我作為演奏琵琶的樂師，有幸能在九層樓前獨奏。記得當日天氣很冷，只有七度，我們穿着那件只有一層薄薄的演出服在嚴寒之中，完成了史無前例的演奏，印象難忘。當晚演出大大成功，回到酒店後我們都興奮得不能入睡，一直沉醉在音樂之中。

第二天我起牀後心裏依然興奮，突然感到發熱，又突然感到寒冷，還天旋地轉！當下我才發現：「糟糕了！肯定是昨晚演出冷病了！」我連起牀到行李箱拿退燒藥的力氣也沒有。但是禍不單行，當我退燒後又再次因水土不服而感到不適，在敦煌的餐廳裏幾乎所有菜我都不能下咽，連喝一口水都會感到吃力，我只能買瓶裝的礦泉水，在酒店吃杯麵，在工作時吃餅乾充飢。儘管如此，也總算完成了這次愉快難忘的旅程。

回到香港後，我一想到將來有機會離港演奏，為免再次水土不服，我買了個迷你煮食爐及一些乾糧，準備日後使用，希望能以最佳狀態演出。

只可惜這幾年遇上疫情，我們還未能離港演出，我的「煮食套裝」只能暫時收起。面對着疫情的掣肘，大家要走下去的確不容易，希望在以後的日子裏，我能隨着樂團把更多敦煌文化和音樂傳遞給大家，秉承「莫高精神」，繼續守護中華文化。

陳天姿
Jenny Chan

駐團樂師（古箏、箜篌）
Resident Musician (Guzheng, Konghou)

陳氏為香港土生土長的青年音樂家，香港天籟
敦煌樂團古箏及箜篌樂師。於國際比賽屢獲
殊榮，獲選為香港電台「樂壇新秀」，曾參與
過百場公開演出活動及音樂會，包括「天箏元
韻」、「箏遊列國」、康文署音樂顯才華系列「天
樂姿音─陳天姿古箏音樂會」等，並獲得外界
高度讚賞。她熱衷於教學及表演藝術工作，創
立天樂音樂學院及天樂古箏藝術團，另任教於
香港演藝學院及多間中小學，曾榮獲多項優秀
教師獎，其學生於國際比賽獲獎無數。

理想，一起去追。

籌備一場音樂會，如果只有三個多月的時間，你有信心和把握能做好嗎？我相信只
要有決心，「理想，一起去追」。我曾經籌辦過三場個人獨奏音樂會，深知時間的重
要性，一場九十分鐘的音樂會大概要有半年的籌備時間。不過樂團竟然只用了三個
多月的時間，從零開始籌備音樂會，靠的單純是我們上下一心的決心，這就是「獅
子山下精神」嗎？

還記得 2018 年 5 月 25 日，樂團首度亮相於饒宗頤文化館和敦煌研究院合辦的《天籟敦煌・淨土梵音》展覽開幕演出，備受各界支持和高度讚揚，形容樂團為「文化界的一股清泉」，讓我們受寵若驚。演出結束後，樂團創辦人紀文鳳小姐問了我們一個問題：「如果三個月後，你們要代表香港到訪敦煌去表演，你們有沒有信心做好？」幾乎是她一問，我們便異口同聲回答：「有！」在潛意識裏，我們心知任務艱巨，但機會得來不易，如此珍貴的邀約，我們應好好把握，有志者事竟成，我們何不放手一搏？

這一聲「有」，帶來的是重重挑戰。我們需要在短時間內創作九十分鐘的音樂作品，再要有多次的排練，以達到能全員背譜演出的程度。兩位作曲者創作的作品要吻合樂團「古樂新詮、古譜入音」的核心理念；而對樂師而言，演繹創新作品的時候，除了要用自身已有的專業知識理解樂曲，也需要瞭解作曲家的創作意念，所以互相的溝通和協作相當重要。

我還記得，每一次的排練我們都會有很多討論，作曲家會提出他們希望達到的音響效果，樂師會提供各種演奏方案，經過屢次實驗和調整，最後達到理想的效果。這樣的一種音樂合作模式，雖然花費的時間相對比較長，但卻讓音樂更具原創性和內涵，因為我們每一次的協同都是由心而發的體會。三個月的時間裏我們就像一家人，每個人堅守崗位，「做好音樂」成為我們的共同目標。

除了音樂內容，還有一大堆難題，但我們還是成功地逐一擊破。樂團的演出旨在結合視覺與聽覺的享受，每一首樂曲均有相應的壁畫內容投射到舞台的大型屏幕。因此一場音樂會除了音樂，還有舞台設計、燈光設計、音響設計、過場安排、樂師服裝設計、道具、平面設計、當地技術支援等問題。到外地演出還要處理交通、食宿、樂器運輸、樂器租用、場地等事項。

雖然任務艱巨，但難不倒我們這一羣滿腔熱忱的年青人，最後成功完成了三場演出：莫高窟九層樓前《天籟敦煌・淨土梵音》音樂演出、第三屆絲綢之路（敦煌）國際文化博覽會《天籟敦煌・淨土梵音》音樂會以及西北師範大學敦煌學院之交流演出。現在回想起來，也不得不佩服我們當時的決心與動力！

由始至終，我們都非常感恩有這個機會。三場音樂會引起了香港與敦煌當地的迴響，距離樂團面世之始只有三個多月的籌備時間，但我們成功了！樂團一直走來，始終保持着這份「行者之心」，「理想，一起去追」。

劉慕華
Lau Mo Wah

駐團樂師（阮）Resident Musician（Ruan）

劉氏畢業於香港演藝學院，主修三弦，師從趙
太生老師，並隨雷群安老師及張瑩老師先後副
修中阮及琵琶。中學時期跟隨林筱瓊老師學習
琵琶。劉氏現為音樂事務處兼職導師和兼職演
奏員，除了是香港天籟敦煌樂團駐團樂師外，
劉氏亦為玥──琵琶室內樂團主成員。 2018
年參加第八屆 AMIGDALA 國際音樂大賽，以
滿分成績獲民族樂器組冠軍及特別獎。

時間一分一秒的在身邊流過，從第一次踏足敦煌這個地方，見證天籟敦煌樂團從無到有，到有了一點戰績，已經快五年時間，中間的緣起緣聚大家都津津樂道。

起初我隨便答應參加樂團時，心想不知能不能成功組團，直到現在香港天籟敦煌樂團已經有一定的規模。當初對敦煌這個地方和文化底蘊都只是一知半解的我，到現在別人問我甚麼是敦煌文化時，我都能裝得有模有樣地對答，把有關敦煌的歷史變遷、宗教、建築、美術等一一道來。打從我習琴以來，都覺得音樂的舞台只是用來呈現情感和技巧，但現在我們呈現的是音樂與文化的結合，而音樂與媒體的結合更表達了歷史文化的珍貴和使命感。我的思維在蛻變中，樂團亦在成長中。

在這五年間，樂團除了帶給我很多演出機會外，還有不少特別的體驗。記得 2018 年 7 月我不小心跌倒，膝頭嚴重受傷並且要做手術，術後行動非常不便，但緊接 8 月和 9 月在香港和敦煌都有重要演出。在敦煌的演出更是極為難得的史上第一團，能在莫高窟的九層塔前作演出，機會難得。雖然受傷很不方便，但亦要把握機會，最終我都能攙扶着拐杖出台演出。（這樣的出台方式，感覺很奇妙，但也不提倡大家試）還有一些小趣事，跛腳期間，大家都十分照顧我，好朋友常常都在我旁邊保護我免受外來的障礙弄到，保護得很好，但我的痛腳往往會被好朋友的保護所擊到，然後大家都在笑話這些小意外，還是挺有趣的。除了演出外，樂團還推廣敦煌文化，並舉辦教育專場和古樂器班。在一次推廣的教育專場裏，我們演奏了《水鼓子》，我為觀眾介紹了關於壁畫上阮這件樂器的資料，演出後更開設了古樂器班。令我感到驚喜的是班中有一位學阮的同學，他第一堂就將教育專場介紹的阮知識覆述一次給我，又能哼唱出《水鼓子》的旋律。

他說他很喜歡這首歌，在 YouTube 上找到這首歌的片段，亦已「煲」熟了，還說 YouTube 上彈阮的老師好面善。我跟他說那是我來的，我們就這樣相認了。因為 YouTube 上我們演奏的片段沒有帶口罩，疫情期間上課大家都戴口罩，所以小朋友認不出我來。對於這件事我感受頗深刻的，教育專場能令觀眾接收到我想表達的資訊和音樂，再而令觀眾生起興趣，這滿足感是特別大的。這五年的點點滴滴，有喜有悲，有笑有淚；有難關，亦努力闖關。團員由互不熟悉的音樂人，變成彼此熟悉的敦煌人，緣起都是因我們的太陽女神——紀小姐。我們是幸運的一輩，有紀小姐幫我們開路和護航，非常感謝她一直為我們付出。希望日後我們可以繼續弘揚敦煌文化。

彭泳汶
Jenny Pang

駐團樂師（阮）Resident Musician（Ruan）

彭氏畢業於香港中文大學音樂系。自七歲起先
後隨李英煒老師學習柳琴和琵琶，後隨雷群安
老師深造柳琴與中阮，學習中樂至今逾十年。
彭氏分別以良好和優異的成績考獲中央音樂
學院琵琶和中阮演奏級。於第十三屆中新國
際音樂比賽中，彭氏獲得中阮（組別 VII）一等
獎。她亦曾多次參與校際音樂節，並獲柳琴及
中阮深造組季軍。現為華夏音樂促進會的社區
文化大使，香港愛樂民樂團及樂樂國樂團的常
規團員，亦曾參與其他業餘中樂團的演出。她
亦以琵琶樂手的身分參與 2018 年內地電視節
目《國樂大典》的演出。

我在 2021 年 4 月加入天籟敦煌樂團，是樂團中年資最淺的團員。雖然我沒有去過敦煌，沒有其他樂團成員那麼深刻的經歷，不過在短短數月中也有不少體會。

還記得當初收到陳韻妍副團長的邀請加入樂團時，也是帶着儘管嘗試一下的心情，果然在樂團裏有很多新的挑戰。我在樂團的第一場演出，是同年 6 月香港故宮文化博物館的開幕儀式。演出除了全數演繹樂團新作品外，還要背譜演奏，這對我來說真是前所未有。而且時間上也因為一些臨時的調動變得十分緊迫，感覺這個是不可能的任務。不過，不管在排練時還是其他相處的時間，各位前輩團員都十分照顧我。在排練中大家互相提點，培養默契。即使那段時間的確有點忙得透不過氣來，但也是一段愉快的經歷。

這是我第一次參與這般大型的多媒體創作。所以後來到了演出綵排時，發現不只是樂師坐下來演奏，還會配搭不同的燈光和多媒體畫面，和平時的音樂會完全不一樣，着實令我大開眼界。

最近終於有機會翻看演出的錄影，感覺之前的努力都值得了。整個製作加上我們的落力演奏，份外有意境，仿佛跳出了劇場，真的飛越二千年到了古代一趟。而對於大家最終真的能背譜合奏三十分鐘的節目，直今我也覺得嘖嘖稱奇。

希望以後在樂團可以繼續和大家一起努力，繼續成長。

郭柏曦
Nicky Kwok

駐團樂師（笛、簫、塤）
Resident Musician（Dizi, Xiao, Xun）

郭氏自幼學習中國笛子，先後跟隨賴錦標、陳敬臻及衛承發老師學習。2019 年獲取香港演藝學院音樂深造文憑，現修讀香港演藝學院音樂學士學位課程，師隨笛子演奏家孫永志老師，並曾隨敲擊演奏家閻學敏副修敲擊。郭氏除了為香港天籟敦煌樂團駐團吹管樂師外，亦為香港中樂團特約樂師、香港演藝學院中樂團及香港愛民樂團團員。

在這個團隊待了四年多,當中大大小小也發生了很多事情,最讓我深刻的是,我們首次去敦煌交流演出時發生的事情,回想起來也覺得是上天的庇佑。

我有幸能跟隨團隊親身到敦煌演出,並參觀當地名勝古蹟,但由於我以學生身份隨團,難免也會和學校的課堂相撞。出發前我和學校老師溝通了不少時間,雖然他們批准我到敦煌演出,但同時也需要出席學校的樂隊排練,所以我必須在交流期間再次從敦煌回到香港,並在排練後再次回到敦煌和大家演出。無論在安排上還是其他方面也麻煩到團隊的各位,對此我還是感到過意不去。

在回程的當天香港機場因颱風「山竹」的影響未能如常運作,學校的排練也因此而取消,故此我能順利留在敦煌繼續交流演出。可能正如紀小姐所說,這就是天意,現在回想起來也覺得很不可思議。

另一件事就是 2022 年 6 月 30 日,有幸在習近平主席夫人彭麗媛教授面前表演,我感到十分光榮和自豪,亦希望日後有機會能如彭教授所說,到世界各地演出,弘揚中華傳統文化。

作為一位香港本地的年青中樂樂手,這次的機會是很難得的,感謝香港天籟敦煌樂團的每一位成員,讓我們可以在特別的日子,親身向彭教授演奏我們的音樂,同時得到她的讚賞。彭教授是音樂專業出身的,受到她的讚賞和鼓勵並不簡單。我們日後定必繼續為弘揚中華傳統文化藝術作出努力,亦希望我們香港天籟敦煌樂團能夠再進一步,不單止在香港闖出名堂,更能衝出亞洲,將我們的音樂和文化帶給大家。

陳俊燊
Alvin Chan
駐團樂師（敲擊）Resident Musician（Percussion）

陳氏以一級榮譽畢業於香港演藝學院，師承龍向榮博士、龐樂思和辜柏麟老師。2020 年，陳氏在香港賽馬會音樂及舞蹈信託基金的全額支助下，獲頒音樂碩士學位。陳氏演奏 Stockhausen 的《Zyklus》於 2021 年獲香港電台廣播，為其撰寫的論文亦獲演藝學院出版。陳氏活躍於本地演出，包括創辦 M.A.R.B.L.E.S. Percussion 及參與垂誼樂社和 Toolbox Percussion 的演出。他亦曾以不同身分於中國大陸、中國台灣、日本、加拿大和美國演出和交流。陳氏現為香港天籟敦煌樂團樂師、澳門樂團及香港小交響樂團之特約樂手。

時光飛逝，轉眼間已加入樂團約有四年，當中有幸參與不同的演出，回想起來，仍歷歷在目。

樂團給我的感覺不止是一個只有排練和演出的樂團，更是一個懷有使命、有生命力的大家庭。還記得樂團初成立不足一年，已有幸獲得遠赴敦煌演出的寶貴機會。當時我們在陌生的環境中遇到不少困難，如行程上的安排，亦有團員因水土不服以至身體不適。但我們在彼此照顧下，很快便成為一班同行者，一起經歷，也完成了幾場順利的演出。

另外，在敦煌短短數天，我們也很榮幸能與樊院長及王院長見面和交談，兩位院長非常和藹可親，與我們分享保育敦煌這片文化重地的點滴，也令這一份使命感，埋藏在我們每一個團員心裏。

此後的兩三年，全球受疫症影響，我們也失去了大量演出的機會。但我們亦嘗試透過線上，堅持有限度地進行不少教育演出以及樂器教學，希望繼續為香港這個地方播下種子。而到 2022 年 6 月，我們再一次完成了一個極巨大、極具意義的演出。

適逢香港故宮文化博物館開幕，我們的音樂會以《敦煌與故宮對話：飛越文化二千年》為題，展現中華文化於兩地璀璨的故事，亦對當中的文化守護者表達敬意，我被當中的「情」深深感動。古人對藝術有極致的追求，才能成就我們眼前各樣偉大的文物和藝術作品。還記得 2018 年初到敦煌，在莫高窟欣賞每個充滿壁畫和雕塑的洞窟，不禁讚嘆古人的手藝如何精緻，在漆黑以及荒涼之地也能完成大量極巨大和細膩的作品。

另外，也感嘆這些藝術作品雖偉大，但同時脆弱。回想起在敦煌之旅期間，學習到有關莫高窟被發現及被破壞的歷史，反思到我們樂師現在的音樂手藝，亦會面對時代的變遷，失去價值。雖然香港看似重視音樂教育，但同時受很多流行文化以及科技蠶食，觀眾欣賞音樂的習慣和喜好已大為不同，我們一直在做的音樂的手藝也有被取代的可能性。

在奏完《謝謝你的時間》一曲後，深被觸動，感謝紀小姐以及一切成就 6 月 21 日這個時間空間的所有人。站在舞台上，我從希望「被欣賞」到「去欣賞」所有文化藝術的工作者和守護者。

譚詩蔚
Sylvia Tam

駐團樂師（敲擊）Resident Musician（Percussion）

譚氏現為香港天籟敦煌樂團駐團敲擊樂師。譚氏於 2018 年香港演藝學院音樂學院音樂學士畢業，跟隨中樂敲擊老師閻學敏老師及西樂敲擊老師胡淑徽老師。她自 2009 年加入赤煉鼓樂團，跟隨梁正傑老師學習中國鼓樂，並曾經於 2010 年至今跟從赤煉鼓樂團三度到山西絳州與山西絳州鼓樂藝術團學藝交流，學習山西鼓樂。譚氏鑽研中國敲擊的同時，亦向手鼓樂師李耀誠及新疆手鼓大師伊明庫爾班學習各種手鼓。

緣分到，便走到敦煌

七年前，當時我還是香港演藝學院中樂敲擊的二年級生，略帶稚氣的我渴望自己能多出走遊歷，擴闊見識的同時希望能解決自身內心的迷惘和不安。就在學校升降機旁的告示板上，我看到一張去敦煌交流團的通告，這造就了我日後遇上敦煌的契機。如要我回顧加入香港天籟敦煌樂團的起初，以及後來這些年共同經歷的點滴，可以說是一切都實屬微妙，同時又像一天一天的事物會發生般的純粹，毫無一絲預告地發生，出現……

小時候看過電影明星楊紫瓊主演在敦煌沙漠中尋找舍利子的電影《天脈傳奇》，及取景自敦煌雅丹地質公園的電影《英雄》後，我對這片神秘又美麗的地方產生了好奇和迷戀，希望有朝一日可以踏上旅途走一趟，結果一去，便一年內去了兩次。

第一次去的時候是當年的聖誕節，看不到聖誕燈飾，食不到大餐，卻走到鳴沙山頂上看日出，夜晚抬頭看過天上的滿天星斗，目睹洞窟裏的巨大壁畫和雕像，為我的聖誕節增添了異國風味。雖然沒有找到「舍利子」，也沒有遇上俊美的刺客，但這片茫茫沙漠中彌漫着一絲孤寂和荒涼，如同我從電影中感受到的一般，那種獨特的淒美感。感受過莫高窟那種蘊藏深厚宗教歷史文化的淨化，心感無比的震撼和滿足，那是第一次切實地了解敦煌這地方。本來只是為了遊歷，卻沒想到第二次到訪敦煌，能踏上這裏的舞台表演。

同學們後來邀請我加入香港天籟敦煌樂團，我沒有特別的想法，很順其自然地答應了。就這樣，我們便創作了一系列曲目，在這四年間到處演出，有賴於紀文鳳小姐的堅持和樂團所有人的努力，我們也認識到為保育和傳承而努力的樊院長、王院長、趙院長以及敦煌莫高窟研究院的講解員，是樂團得到最大的支持和收獲！特別是到敦煌九層樓面前首次演出的經歷，總是讓我感到驚奇，不真實似的。畢竟從零開始在香港創立樂團是相當困難的事，用音樂角度出發去理解敦煌的人亦不多，連自己也是同樣在探索的過程中，能夠有機會成事，與團員、觀眾互相得到共鳴，那是我意料之外的得着了。

就這樣簡單，事情看似平凡卻不平凡地發生，都是緣份，在樂團的那些瑣碎日子中，充滿着甜酸苦辣的味道，衝擊着各自的人生，讓大家成長。我一直希望自己有生之年的經歷多姿多彩，像電影《家有囍事》中的角色何里玉一樣，讓每分秒都成為一段段精彩的電影橋段，而樂團就像我人生中的一齣青春音樂電影般，描述着一羣音樂學生為對音樂的熱誠而奮鬥，同時為將來而慢慢長大成熟，無論日子會走到哪裏，在我人生中已增添了特別的敦煌色彩。

香港天籟敦煌樂團

香港天籟敦煌樂團於 2018 年由商界及資深廣告創意人、前全國政協委員紀文鳳創辦，獲新世界集團慈善基金提供種子基金資助成立，並得到笛簫演奏名家楊偉傑教授指導和協助組織。樂團成員包括香港兩位年青作曲家和八位音樂家。初心是通過音樂弘揚和教育敦煌文化和藝術，將失傳了的敦煌壁畫內的場景音樂帶回人間。樂團重視文化內涵，本着以人為本的教育精神和文化承傳的目標，以「行者」之心作樂，古樂新詮、古譜入音，希望能帶動中樂年輕化。樂團致力通過敦煌古樂演繹及全方位教育課程，培育人才，普及中樂，弘揚敦煌文化和藝術，並共同保護世界文化遺產。

使命

- 薪傳古韻 – 以專業態度和創新意念演繹敦煌音樂，引起大眾興趣和共鳴。
- 宏揚敦煌 – 弘揚敦煌文化，以壁畫和音樂作為教育教材，走進學校，面向公眾。
- 傳承文化 – 以敦煌音樂作引導，致力共同保護中國的世界文化遺產。
- 培養人才 – 傳承中樂藝術精粹，培養本地中樂演藝人才。
- 普及中樂 – 以敦煌音樂團結人心，實現「民心相通」，發揮香港中西文化交流中心的優勢，影響國際。

宗旨

- 保護和傳承中國的世界文化遺產
- 糅合傳統與創新，古曲新詮，古譜入音
- 培育下一代對中國文化和音樂的興趣

董事會成員

參考文獻和資料

書籍

1. 饒宗頤：《敦煌琵琶譜》(台北：新文豐出版公司，1989 年)

2. 敦煌研究院主編：《敦煌石窟全集》(香港：香港商務印書館，1999 年)

3. 鄭汝中：《敦煌壁畫樂舞研究》(蘭州：甘肅教育出版社，2002 年)

4. 高德祥：《敦煌古代樂舞》(北京：人民出版社，2008 年)

5. 王克芬、柴劍虹：《綠洲上的樂舞》(蘭州：甘肅教育出版社，2015 年)

6. 趙聲良：《敦煌石窟藝術簡史》(北京：中國青年出版社，2015 年)

7. 馬德：《敦煌古代工匠研究》(北京：文物出版社，2018 年)

8. 徐滙藝術館：《樂者敦和大音煌盛：千年莫高的伎樂回響上海》(上海：上海文化出版社，2018 年)

9. 胡同慶、羅華慶：《解密敦煌》(甘肅：敦煌文藝出版社，2019 年)

10. 馮驥才：《人類的敦煌》(北京：文化藝術出版社，2020 年)

11. 朱曉峰：《唐代莫高窟壁畫音樂圖像研究》(蘭州：甘肅人民出版社，2020 年)

12. 樊錦詩、顧春芳：《我心歸處是敦煌：樊錦詩自述》(香港：中和出版有限公司，2020 年)

電視頻道

1. 佐滕浩市、吉野晶子：《敦煌莫高窟：美の全貌》(日本，日本廣播協會，2008 年)

2. 《敦煌伎樂天》第一集至第八集 (北京：CCTV 中央電視台，2019 年)

3. 《探索·發現》敦煌樂器上、下集 (北京：CCTV 中央電視台，2019 年)

敦煌歷史年表

歷史時代	起止年代	統治王朝及年代	行政建置	備註
漢	公元前 111～ 公元 219	西漢 公元前 111～ 公元 8	敦煌郡敦煌縣	公元前 111 年敦煌始設郡
		新 公元 9~23	敦德郡敦德亭	
		東漢 公元 23~219	敦煌郡	公元 23 年隗囂反新莽；公元 25 年竇融據河西復敦煌郡名
三國	公元 220~265	曹魏 公元 220~265	敦煌郡	
西晉	公元 266~316	西晉 公元 266~316	敦煌郡	
十六國	公元 317~439	前涼 公元 317~376	沙州、敦煌郡	公元 336 年始置沙州；公元 366 年敦煌莫高窟始建窟
		前秦 公元 376~385	敦煌郡	公元 400 至 405 年為西涼國都
		後涼 公元 386~400	敦煌郡	
		西涼 公元 400~421	敦煌郡	
		北涼 公元 421~439	敦煌郡	
北朝	公元 439~581	北魏 公元 439~535	沙州、敦煌鎮、義州、瓜州	公元 444 年置鎮，公元 516 年罷，為義州；公元 524 年復瓜州
		西魏 公元 535~557	瓜州	
		北周 公元 557~581	沙州鳴沙縣	公元 563 年改鳴沙縣，至北周末
隋	公元 581~618	隋 公元 581~618	瓜州敦煌郡	
唐	公元 619~781	唐 公元 619~781	沙州、敦煌郡	公元 622 年設西沙州，公元 633 年改沙州；公元 740 年改郡，公元 758 年復為沙州
吐蕃	公元 781~848	吐蕃 公元 781~848	沙州敦煌縣	
張氏歸義軍	公元 848~910	唐 公元 848~907	沙州敦煌縣	公元 907 年唐亡後，張氏歸義軍仍奉唐正朔

歷史時代	起止年代	統治王朝及年代	行政建置	備注
西漢金山國	公元 910~914		國都	
曹氏歸義軍	公元 914~1036	後梁 公元 914~923	沙州敦煌縣	
		後唐 公元 923~936	沙州敦煌縣	
		後晉 公元 936~946	沙州敦煌縣	
		後漢 公元 947~950	沙州敦煌縣	
		後周 公元 951~960	沙州敦煌縣	
		宋 公元 960~1036	沙州敦煌縣	
西夏	公元 1036~1227	西夏 公元 1036~1227	沙州	
		蒙古 公元 1227~1271	沙州路	
蒙元	公元 1227~1402	元 公元 1271~1368	沙州路	
		北元 公元 1368~1402	沙州路	
明	公元 1402~1644	明 公元 1404~1524	沙州衛、罕東街	公元 1516 年吐魯番佔；公元 1524 年關閉嘉峪關後，敦煌凋零
清	公元 1644~1911	清 公元 1715~1911	敦煌縣	公元 1715 年清兵出嘉峪關收復敦煌一帶，公元 1724 年築城置縣

資料來源：史葦湘《敦煌歷史大事年表》等；製表：《敦煌石窟全集》編輯委員會（馬德執筆）

鳴謝

特別鳴謝敦煌研究院提供圖片：

1. 莫高窟第 45 窟 - 西龕 - 彩塑一鋪 - 吳健攝影 .tif (頁 32)
2. 西千佛洞第 7 窟 - 西壁南側上部 - 白描伎樂飛天底稿 - 吳健攝影 .tif (頁 33)
3. 莫高窟第 217 窟 - 主室北壁 - 觀無量壽經變 - 敦煌研究院文物數位化研究所製作 .tif (頁 34)
4. 莫高窟第 112 窟 - 主室南壁 - 觀無量壽經變（反彈琵琶）- 敦煌研究院文物數位化研究所製作 .tif (頁 43-45 、 52 、 84-85 、 120 、 124-125)
5. 榆林窟第 25 窟 - 主室南壁 - 觀無量壽經變 - 敦煌研究院文物數位化研究所製作 .tif (頁 53 、 96-97)
6. 敦煌研究院辦公區外景 - 孫志軍攝影 .tif (頁 9)
7. 莫高窟第 285 窟 - 主室南壁 - 漢風濃郁的飛天伎樂 - 孫志軍攝影 (頁 76-77)
8. 莫高窟第 156 窟 - 南壁 - 張議潮統軍出行圖中的軍樂 - 敦煌研究院提供 .tif; (頁 16)
9. 莫高窟第 98 窟 - 東壁 - 穿冕服的于闐國王 - 吳健攝影 .tif (頁 19)
10. 榆林窟第 2 窟 - 西壁 - 唐僧取經圖 - 敦煌研究院提供 .tif (頁 24)
11. 莫高窟第 220 窟 - 北壁 - 藥師經變多民族大型樂隊圖 1- 敦煌研究院提供 .tif (頁 28)
12. 莫高窟第 220 窟 - 北壁 - 藥師經變多民族大型樂隊圖 2- 敦煌研究院提供 .tif (頁 29)
13. 莫高窟第 257 窟 - 西壁 - 九色鹿本生故事 - 敦煌研究院提供 .tif (頁 31)
14. 莫高窟第 321 窟 - 龕頂 - 菩薩憑欄 - 敦煌研究院提供 .tif (頁 37)
15. 莫高窟第 323 窟 - 北壁 - 張騫出使西域圖 - 敦煌研究院提供 .tif (頁 23)
16. 莫高窟第 321 窟 - 北壁 - 不鼓自鳴全圖 - 敦煌研究院提供 .tif (頁 36 、 38-39 、 84-85)

同時，感謝法國國家圖書館提供圖片：Pelliot chinois 3808 (頁 56、114)